BLOEDBROERS

BLOEDBROERS

Na die slagveld van Smokeshell en terug

DEON LAMPRECHT

Delta Boeke

JOHANNESBURG & KAAPSTAD

© Teks: Deon Lamprecht (2024)
© Omslagfoto's: Willem Steenkamp
© Foto's: Deon Lamprecht, Willem Steenkamp, Paul Louw, Marco Caforio, Gareth Rutherford, Andrew Whitaker, Jan Hoevers en die SANW-Dokumentasiesentrum
© Kaarte: Camille Burger
© Gepubliseerde uitgawe: Jonathan Ball Uitgewers (2024)

Uitgegee in 2024 deur
DELTA BOEKE,
'n druknaam van Jonathan Ball Uitgewers,
'n afdeling van Media24 (Edms.) Bpk.
Posbus 33977
Jeppestown
2043

ISBN 978-1-92824-816-3
e-ISBN 978-1-92824-817-0

Alle redelike pogings is aangewend om kopiereghouers op te spoor en toestemming te verkry vir die gebruik van kopieregmateriaal. Die uitgewer vra om verskoning vir enige foute of weglatings en verneem graag van kopiereghouers met die oog op regstellings of byvoegings in toekomstige uitgawes van hierdie boek.

www.jonathanball.co.za
x.com/JonathanBallPub
www.facebook.com/Jonathan-Ball-Publishers

Omslag en ontwerp deur Johan Koortzen
Geset in 11pt op 15.5pt Adobe Garamond Pro

INHOUD

DEEL 3 - TERUG NA DIE DOELWIT

SKRYWERSNOTA

Uit 'n militêr-historiese en taktiese oogpunt is die uitdagings, taktiek, foute, suksesse en lesse van die aanval op die doelwit genaamd Smokeshell al in meer as een boek deur gerespekteerde kenners en veterane deurgetrap.

Hierdie is egter 'n nederige poging om die storie van Smokeshell ook aan 'n wyer gehoor en veel jonger generasie te vertel – deur die woorde van 'n handjievol oorlewendes van Peloton 1, Bravo Kompanie, wat die dag van 10 Junie 1980 as 't ware ophou bestaan het.

En net so belangrik, die verhaal van hul lewenslange reis van genesing na daardie dag van vuur en bloed in die bos.

DEEL 1

DIE PAD NA SMOKESHELL

1
SPOKE IN DIE BOS

Hy gee die bevel en die vier Ratels beur in 'n uitgespreide linie teen die wal van die droë rivierloop uit en begin deur die bos breek ... en toe bars die hel los.

Verstomde Swapo-vegters, honderde van hulle, skarrel in alle rigtings. Koeëls kletter soos hael teen die gepantserde rompe van die Ratels. Die gunners en geweerskutters van Paul Louw se peloton antwoord met drif en geweld. Maar die 20 mm-snelvuurkanonne stoor en hulle veg voort met Browning-masjiengewere, R1-aanvalsgewere en handgranate.

Selfs in die chaos van die fire fight merk Paul deur sy sigblok hoeveel ouer as sy eie 19-jarige troepe sommige van die terrs is. In uniform en gewapen ja, maar met baie winters in hul hare ... Die volgende oomblik verdwyn een van die gryskoppe in 'n rooi bloedsproei.

Waar Paul bibberend op sy stretcher lê, sy slaapsak oor sy kop getrek om die ysige Angolese naglug uit te hou, herinner hy homself vir die soveelste keer: "Dis 2022, die oorlog is lankal verby, dis veilig."

Skielik hoor die jong pelotonbevelvoerder bo die tak-tak-tak van die vyand se AK-47's 'n vreesaanjaende nuwe geluid: DOEF-DOEF-

1

DOEF-DOEF! Oorverdowend hard, met 'n vuurtempo wat klink soos lap wat in jou hande skeur. Hy weet instinktief wat dit is: 'n Russiese ZU-23-2-lugafweerkanon, wat deur sy Ratels se metaalrompe kan skiet asof dit van papier gemaak is.

Paul draai met 'n gespartel op sy rug, want die slaapsak is om hom gewoel. In die koue begin hy die sterre tel wat hy 42 jaar laas bo sy kop gesien het. Enigiets om aan die slaap te raak, om nie verder die gebeure van daardie verskriklike fight te herleef nie.

Maar die spoke wat in hierdie godverlate stuk bos dwaal, laat hom nie los nie.

Deur die radio-oorfone in sy headset hoor hy die mengsel van adrenalien en vrees in sy seksieleiers se stemme. Sommige van die gevegsvoertuie – volgepak met sý troepe – is getref, besef hy.

Dan is die beknopte binneruimte van Paul se Ratel 'n inferno van vlamme, rook en ammunisie wat in hul bins begin onptlof.

Paul probeer sy geweer gryp, maar die vlamme vreet aan sy arm.

Hy spring noodgedwonge sonder die wapen uit die Ratel en skree op sy crew om dekking te soek in 'n pas ontruimde Swapo-loopgraaf.

Naderende stemme in die donker ruk Paul weer terug na die hede. 'n Angstigheid pak hom beet: Sê nou die plaaslike mense wil die groepie Suid-Afrikaanse oorlogsveterane kom aanval? Wat doen ek, hoe beskerm ek hulle?

Die sterk ligvinger van sy flits vind twee jong vroue wat geselsend van die een kraal na die ander stap. Oukei, dis fine, dink hy verlig. Hy skakel weer die flits af, want op hierdie plek wil hy nie aandag trek nie. Draai sy oë weer hemelwaarts en probeer sy herinneringe tussen die sterre verloor.

Hierdie bos het egter geen genade nie. Terwyl die ure verbysleep, sien Paul weer die gesigte van die dooies, ruik hy nogmaals die gebrande mensvleis, herleef hy weer daardie angsgevulde nag in die wrak van die Ratel toe hy en 'n handjievol ander tevergeefs op redding gewag het.

Met eerste lig, daardie grou daeraad voor die son sy gesig bo die bos lig, kom sy mede-veteraan Andrew Whitaker om die neus van die bakkie gestap. Die Oos-Kapenaar gee Paul een kyk en sê droogweg: "The demons were busy with you last night …"

Geen verduideliking is nodig nie. Tussen diegene wat die smelt-kroes van oorlog oorleef het, is daar 'n wedersydse begrip wat woorde oorbodig maak. Paul se kopknik is genoeg om te beaam: ja, sy tweede nag ooit op die doelwit bekend as Smokeshell was g'n speletjie nie.

Andrew weet presies hoekom.

Op 10 Junie 1980, tydens een van die hardste gevegte van die sogenaamde Bosoorlog, het hierdie sand sy troepe se bloed gulsig gedrink: twaalf dood, sewentien gewond. Uit die 44 man was net twaalf fisiek ongedeerd nadat die bos weer stil geword het.

Hierdie stuk bos in die suidweste van Angola heet Chifufua. Maar vir dié wat as jong dienspligtiges hier geveg het, sal dit altyd "Smokeshell" bly – die kodenaam vir een van die doelwitte van Operasie Sceptic. Die aanval op Smokeshell was die vuurdoop vir 'n spesiale nuwe eenheid, 61 Gemeganiseerde Bataljon Groep – sommer net 61 Meg vir die troepe – wat op die been gebring is om Swapo-vegters in hul basisse in Angola aan te val. Dit was ook die groot toets vir 61 Meg se Ratel-gevegsvoertuie, spesifiek ontwerp vir mobiele oorlogvoering in die bosagtige Afrika-landskap.

Militêr gesproke was Smokeshell suksesvol: 'n Swapo-bevelskom-pleks vernietig; sowat 370 vyand gedood; tonne krygstuig gebuit.

Maar daar was harde lesse en die prys is in bloed betaal.

Vir dekades het veterane wat daardie dag beleef het, die trauma saam met hulle gedra en in hul nagmerries herleef. Die reuk van diesel, rook en vars bloed vergeet jy nooit.

Oor die jare het die geduldige bos die slagveld weer ingesluk. Die wind en weer het die ou Swapo-bunkers en loopgrawe met sand en blare begin opvul. Landmerke soos groot paaie, geboue van sement en staal of selfs berge was daar nooit en gou was die ligging daarvan vergete.

Een man was egter vasbeslote om die seuns wat hy destyds aangevoer het terug te bring na die ou slagveld. Om hulde aan gevalle buddies te bring, maar ook om spoke tot ruste te lê en vrede te vind. Daardie man, afgetrede generaal (destyds kommandant) Johann Dippenaar, het obsessief na Smokeshell begin soek – en dit oplaas gevind.

Vandag staan hy weer hier, meer as vier dekades na daardie helse geveg. Saam met hom is sewe stuks ander Smokeshell-veterane, insluitend Paul, wat maar te bly is dat sy "tweede nag op die doelwit" agter die rug is, en Hennie "HP" Ferreira, destyds Paul se Rateldrywer, wat al meer as 'n honderd operasies moes ondergaan ná 'n 14,5 mm-lugafweerkoeël sy stuitjie, ingewande en maag byna heeltemal weggeskiet het.

Onder die ongevoelige oog van die oggendson begin hulle met die sandpaadjie aanstap na die boom waar 'n klompie kampstoele staangemaak is vir die oggend se eenvoudige diens. Die emosie hang so dik soos die stofstert van 'n konvooi Ratels oor die bos, want die bloedbroers se pad terug na Smokeshell was lank en uitmergelend.

2

BRAAIVLEIS, RUGBY, SONSKYN EN ARMY

Vir die generasie dienspligtiges van 1979/'80 – jonk, fiks en vol drome – was die lewe opwindend en vol belofte. In die destydse Suid-Afrika kon jy 'n blinknuwe Datsun 120Y, die gewildste ryding van daardie jaar, vir R40 000 huis toe vat en die petroltenk vir net 47c per liter volmaak. As jy jou meisie wou uitvat vir 'n "prawn special" het dit sowat R10 per kop gekos en 'n bottel cheap witwyn R4. Fliek toe na die ete? *Star wars: The Empire Strikes Back* was die groot internasionale treffer; hier by die huis was dit *Kiepie en Kandas*. Of dalk was *Grensbasis 13* meer jou ding.

Vir atmosfeer tydens 'n bietjie laataand-kafoefel in jou ryding buite jou meisie se ouerhuis het jy dalk die nuwe Pink Floyd-kasset ingedruk. Die volgende oggend het jy jou gesig in jou hemp gedruk, want die hitsige reuk van haar parfuum het steeds daaraan gekleef …

Onder wit Suid-Afrikaners was daar groot afwagting oor die koms van die Britse en Ierse Leeus, want weens die internasionale sportboikot teen apartheid was daar 'n droogte aan topklasrugby. Morné du Plessis was die Bok-kaptein en soos altyd sou daar op

Naas Botha se skerpskutterskoen staatgemaak word.

Gerrie "Seer Handjies" Coetzee het die oefensak hard gemoer om reg te maak vir sy tweede aanslag op die wêreld-swaargewig-bokskroon, hierdie keer teen Amerika se Mike Weaver in Sun City. Polities was dinge natuurlik aan die prut, maar weens media-sensuur was die meeste jong witmense salig onbewus van die ware omvang en aard van die binnelandse vryheidstryd. Daar was vaagweg 'n bewustheid van "onluste in die townships", maar voorstedelike borrels was meestal ongeskonde.

En min mense het geweet hoe fel die Bosoorlog in die noorde van die destydse Suidwes-Afrika (vandag Namibië) en die suide van Angola regtig was. Die Nasionale Party-regering en Suid-Afrikaanse Weermag (SAW) het die vloei van inligting en nuus oor die oorlog streng beheer. Daar was veiligheidswetgewing in plek om die media te muilband soos nodig. Net joernaliste wat spesiale weermag-akkreditasie gehad het (wat gevolg het nadat jou doen en late eers stilletjies ondersoek is om seker te maak jy's nie dalk subversief nie), kon oor militêre sake berig – onder streng voorwaardes. Ook troepe in die operasionele gebied se briewe huis toe is gesensor en die swaard van veiligheidswetgewing is oor hul koppe gehou.

Alomteenwoordig – in die parlement, op televisie en by openbare geleenthede soos landbouskoue – was die strak gesig van eerste minister PW Botha, wat met swaaiende vinger waarsku teen die totale aanslag van kommunisme in Suider-Afrika, dat Suid-Afrika moes bly staan as die laaste bastion teen die "Rooi Gevaar". Daar was geen ware teenvoeter vir hierdie narratief nie, want daar was geen onafhanklike of buitelandse televisiekanale nie, en natuurlik geen internet of sosiale media nie. En publieke vrese oor die bedreiging van Sowjet-ondersteunde bevrydingstroepe is verder gevoed deur die bloedige Rhodesiese oorlog, wat toe al sy onvermydelike einde begin nader het.

In flieks soos *Kaptein Caprivi* en *Aanslag Op Kariba* het die terroriste altyd sleg tweede gekom. Fotoboekhelde soos Kaptein Duiwel en Grensvegter het die vyand met spraakborrelwoorde die ewigheid ingestuur.

In daardie era en teen hierdie agtergrond was diensplig net 'n normale deel van die lewe vir wit Suid-Afrikaanse seuns. Een maal per week is jy in jou kadetuniform skool toe – basies 'n kortbroekweergawe van die browns wat dienspligtiges gedra het. Jy het geweet hoe om jou baret houding te gee sodat hy windmakerig op jou kop sit, die Springbok-kenteken net bo jou linkeroog. Meneer het, geklee in die ware uniform en met offisiersrange op sy skouers, voor die swartbord gestaan.

Pouses het jy in pelotons gedril. Of geskiet, want jou skool het 'n skietbaan gehad en daar was .22-gewere vir daardie doel in die stoorkamer. Op skoolkadetkampe het jy geleer kamoefleer en snags was een klomp soldate en die ander terroriste en dan moes julle mekaar voorlê en gevangene neem.

Windgat ouer broers in hul "step outs" op naweekpas was 'n algemene gesig. Skoolmeisies is aangemoedig om vir troepies op die Grens te skryf en radioversoekprogramme vir die "boys on the border" was gewild.

Dit, in 'n neutedop, was die Suid-Afrika waaruit die Smokeshell-generasie sou kom, 'n uiteenlopende groep seuns van om en by 18 jaar oud. In sommiges het die vlam van patriotisme en landsdiens hoog gebrand, vir ander was die army die eerste groot avontuur van hul jong lewens. Baie wou dit net agter die rug kry: 'n soort groot-word-ritueel voor hulle met die res van hul lewens kon aangaan.

Die alternatief vir diegene met politieke of gewetensbeoeware teen diensplig was tronkstraf of selfopgelegde ballingskap. Organisasies soos die End Conscription Campaign het nog nie eens bestaan nie. En min het ooit daaraan gedink om die landswette te probeer ontduik wanneer hulle daai koevert met die oproepinstruksies en treinkaartjie gekry het nie. Hulle het gedoen wat hulle as hul plig gesien het, met die seën van hul ouers, onderwysers en dominees.

So was daar die bloedjong Hennie "HP" Ferreira, plaaskind van Theunissen en later Welkom in die Vrystaat, wat in sy eie woorde "nie veel gehou het van leer nie". Sy hande het egter vir niks verkeerd gestaan nie en hy het van kleins af gewoeker. In die skoolkoshuiskamer hare gesny vir geld of uitgeslip en pakkies slaptjips vir 15c elk by die Griek gaan koop, waarvoor die ouens wat blok vir eksamens dubbel betaal het. En lief vir hardloop: "Ek kon heeldag hardloop."

Eerder as om sy "praktiese matriek" te behaal het hy gekies om na sy st. 8-jaar (deesdae gr. 10) reeds army toe te gaan, "want as ek klaar is, is ek twee jaar voor die ander".

Ouens soos Gareth Rutherford, die Kalkbaaier met die siel van 'n digter wat so lief was daarvoor om sy gedagtes, emosies en waarnemings oor die lewe op papier uit te pluis.

En jong Paul Louw van Bloemfontein, uitskieter in uiteenlopende skooldinge soos rugby en koorsang, wat soos sy oorlede pa "'n graad wou kry en kommandant in die reserwemag word".

Of Marco Caforio, wat in die "uitheemse" Orange Grove in Johannesburg grootgeword het. As die seun van 'n Italiaanse immigrant was hy nie wetlik verplig om army toe te gaan nie. Maar sy pa, eienaar van 'n pizza-restaurant, het gesê: "Nee, ons werk hier, jy moet gaan."

Jan Hoevers, 'n boorling van Ermelo, se pad na Smokeshell was

Marco Caforio as jong dienspligtige.

minder direk. Hy is ná skool Spoorweg toe, wat beteken het dat hy vrywaring van diensplig gehad het. Op 'n kol het hy besef dat hy met sy disleksie net vordering in die lewe sou maak indien hy sy eie baas word. Maar as hy sou ophou om vir die Spoorweg te werk, was die vrywaring ook na die maan en sou hy eers moes army toe ...

So het talle ander, van alle vlakke van die wit samelewing, daardie amptelike koevert van die departement van verdediging met uiteenlopende emosies oopgemaak.

Daai lys goed wat Ma vir jou moes koop om saam te vat was 'n snaaksigheid eerder as ooglopende rede tot kommer: elektriese strykyster, badprop, 'n blik vloerpolitoer, skoenpolitoer (Kiwi dark brown, niks anders nie!), Brasso, 'n groot boks waspoeier,

9

wasgoedpennetjies, drie klein slotte, een meter ketting (om jou wasgoed aan die draad vas te sluit sodat dit nie gesteel word nie, sou jy later by die korporaal hoor).

En dan, alte gou, die dag wanneer jy op jou tuisdorp op die troepetrein moes klim. Ma het haar trane probeer wegsteek en Pa het vir die soveelste keer vertel hoe "die army van jou 'n man gaan maak".

Jou meisie was dalk nie op die stasie nie, maar die gedagte aan daardie warm afskeidsoene van laasnag het opnuut jou maag lekker laat draai terwyl die trein wegtrek. Bloemfontein toe, waar die skreeuende korporaals van 1 Suid-Afrikaanse Infanterie Bataljon (1 SAI) die jongste oes "rowe" ingewag het.

Maar op die trein na Bloemfontein wis jy niks van 'n ander verhaal wat besig was om in die verre Suidwes te ontvou nie. Een wat 'n drastiese en onuitwisbare invloed sou hê op die seuns wie se lang civvie-lokke binnekort op die vloer van een van die army se kam-in-die-kous-haarkappers sou val.

Die oorsprong van die Bosoorlog kan na 1966 teruggetrek word toe die gewapende vleuel van die bevrydingsbeweging Swapo (South West African People's Organisation) toenemend in Suidwes-Afrika met die Suid-Afrikaanse polisie en weermag begin bots het. Suid-Afrika het sy buurland sedert 1915 regeer, maar Swapo het vir onafhanklikheid geveg.

Die konflik het dramaties in omvang en skaal toegeneem toe die SAW Angola in 1975 klandestien binnegeval het (bekend as Operasie Savannah). Dit was nadat die voormalige Portugese kolonie onafhanklik geword het en die kommunistiese bevrydings-beweging MPLA (Popular Movement for the Liberation of Angola) in beheer gekom het. Maar teen 1976 was Savannah verby en het die SAW uit Angola onttrek. Die MPLA het ondersteuning aan Swapo gebied en hulle toegelaat om basisse in die suide van Angola op te rig.

Teen 1978/'79 het Swapo-guerrillas baie doenig geraak in die operasionele gebied van Suidwes-Afrika. Die bos was hulle vriend en dekmantel. Vanuit hul bassise in Angola kon hulle te voet die lang grens oorsteek om landelike gemeenskappe en infrastruktuur aan te val, propaganda te versprei en nuwe rekrute en intelligensieagente te werf.

Wanneer die spoorsnyers en Casspirs van die SAW te kort op hul hakke was, kon hulle wapens en uniforms versteek en in plaaslike gemeenskappe wegsmelt of terug oor die kaplyne na Angola vlug. Hulle het die wapen opgeneem met die wete dat hulle nie na een of twee jaar weer tuis sou wees om met hul lewens te kon aangaan nie. Vir hulle was daar net een van twee uitkomste: veg tot die laaste man of tot hul onafhanklikheidsdroom waar word – watter een ook al eerste gebeur.

Met burgerlike sterftes in die plaasgemeenskappe en Ovambo-trustgebied in die noorde van Suidwes aan 't styg, asook gereelde fire fights tussen veiligheidsmagte en guerrillas, het die SAW se topleierskap in Pretoria die besluit geneem om die oorlog toenemend na die vyand te vat.

Dit sou 'n nuwe soort ystervuis verg. Een wat vinnig en hard kon slaan en weer onttrek. Mobiliteit, spoed en vuurkrag sou die bloudruk wees.

Die klein senior leiergroep van hierdie gespesialiseerde nuwe eenheid sou uit staandemag-geledere kom, maar omtrent 90 persent – die gunners, drywers, geweerskutters, mortieriste, seiners, medics en tiffies – sou dienspligtiges wees. So ook die junior offisiere en onder-offisiere wat hulle op peloton- en seksievlak sou aanvoer.

Teen die tyd dat die Smokeshell-generasie in Januarie 1979 vir basiese opleiding in Bloemfontein aangemeld het, was 61 Gemeganiseerde Bataljon Groep reeds in wording op 'n plek genaamd Omuthiya, noordoos van die Etosha-wildtuin. Op hierdie nuwe basis onder die kameeldoringbome sou hulle verder geslyp word vir hul vuurdoop baie verder noord.

3

DIE KOMMANDANT EN DIE LUITENANT

Die gemeganiseerde oorlogvoering waarin die SAW teen 1979/'80 in alle erns begin belê het, sou groot veranderinge verg: nuwe wapentuig, nuwe gevegsdoktrines en taktiek op die slagveld. Innovering op volspoed. Talle aspekte hiervan sou net op die slagveld beproef of aangepas kon word. Die choreograaf van hierdie dodelike dans was die veggroepbevelvoerder, dus 'n senior staandemag-offisier. Dit was egter die junior leiers aan die skerp kant van die geveg – die dienspligtiges met die tydelike rang van korporaal en tweede luitenant – op wie se skouers 'n enorme verantwoordelikheid sou rus.

By Smokeshell sou dit duidelik aan die lig kom.

Johann Dippenaar wou eintlik 'n dominee geword het.

Vir hierdie buitelugkind van Petrus Steyn in die Vrystaat was daar niks lekkerder as om sy kamerdeur in die koshuis van Voortrekker Hoër op Bethlehem toe te trek vir die skoolvakansie nie. "As plaaskind was dit seker maar die hoogtepunt van 'n ou se jaar, want jy het kans gehad om in die veld te wees en met die windbuks voëls te skiet daar op die plaas in die bloekombome," vertel hy oor sy grootwordjare.

"Later het ons gaan jag – my pa het 'n plaas in Botswana gehad – en dit het my betrokke gekry by die hantering van gewere, wapens." Op skool het hy 'n leiersrol in die kadetkorps gehad, iets wat hy geniet het.

Sy liefde vir die veld, jag en gewere klink dalk na die ideale grondslagjare vir 'n man wat eendag 'n saamgestelde mag van gemeganiseerde infanterie, artillerie en pantser op die slagveld sou aanvoer. Tog het sy pad na 'n hoogs gerespekteerde militêre loopbaan as pantserkorps-offisier met 'n ompad geloop.

"Van kleintyd af was ons maar betrokke by die kerk, so die kerk was maar deel van my leefwêreld ook. En snaaks genoeg, as 'n jong laaitie het jy mos al sulke wilde gedagtes in jou kop van wat jy wil word en een van my gedagtes was om predikant te word," vertel die afgetrede Dippenaar onlangs in sy woonkamer in Pretoria.

"Toe ons hier by matriek beginne kom en ek wil nou meer uitvind van predikant, toe was Latyn 'n voorvereiste, veral by die universiteit waar ek wou gaan studeer, in die Vrystaat. Jissie man, en daar het my spoed gebreek. Ek weet nie eers hoe jy Latyn spel nie, wat nog van Latyn bemeester? Toe los ek dit."

Kort daarna word hy vir weermagopleiding opgeroep. "Dit was 'n lotingstelsel en ek is geloot … So, ek het nie 'n keuse gehad nie. Jy weet, daai tyd was daar omtrent geen verskonings om nie te gaan nie."

En so het dit gekom dat hy in 1962 by die Leërgimnasium in Heidelberg gaan aanmeld het. Die rou rekruut is by die pantsergroep "van so 120 ouens sterk" ingedeel. Na die eerste drie maande van opleiding het hy keuring vir leiersopleiding geslaag en is hy Potchefstroom toe gestuur vir die kursus.

Hy het offisierskeuring geslaag, maar moes toe hoor hy is te jonk, hy moet vir eers korporaal wees. En as korporaal het hy sy lotingstyd voltooi, steeds onseker oor sy toekomspad. "Ek het geweet predikant was uit, maar ek het gevoel ek wil steeds studeer."

Rekeningkunde en die boekhoubedryf was al wat hom aangetrek het. "Teen die einde van die jaar het ek na die Universiteit van Pretoria gegaan en gaan kyk," vertel Dippenaar. En dis toe dat hy voor die kruispad te staan kom. "As 'n plaasseun van die Vrystaat na Pretoria – Sodom en Gomorra soos ek dit genoem het. Ek het verlore gevoel.

"Ek wou geanker wees. En die manier waarop ek geanker kon wees, was om te bly by die omgewing wat ek ken. Instede daarvan om te gaan studeer, toe gaan ek weer terug militêr toe en ek sê: 'Oukei, ek rapporteer nou hier as 'n korporaal vir 'n loopbaan.' Bedoelende daarmee, ek wil net eers die transformasie van die plaas na hierdie stedelike malhuis agter die rug kry."

Met die intrapslag word korporaal Dippenaar ingedeel by Diensvakskool in Voortrekkerhoogte (die groot basiskompleks net buite Pretoria), 'n logistieke eenheid.

"En wat doen ek toe daar? 'Korporaal, tree hierdie troepe aan, die recruits wat hier is, en lei hulle op dat hulle kan dril en kan skiet.' Dit is toe waar ek begin het."

Van daar is hy na die tiffies (army taal vir werktuigkundiges) en daarna na die opleidingsentrum in Voortrekkerhoogte. "Jong, ek het nogal geniet wat ek gedoen het. Ek kan vinnig aanpas, tot vandag toe nog. As jy vir my 'n taak gee, dan moet ek my net oriënteer en dan maak ek 'n sukses daarvan, of ek geniet dit en dit raak vir my aanvaarbaar."

Dis eienskappe wat baie jare later handig te pas sou kom in die vinnig vloeiende wêreld van gemeganiseerde oorlogvoering. Maar daarvan was hy nog salig onbewus – ook op die volgende skof van sy soldatereis: bestemming Walvisbaai.

Daar, tussen die duine van die Namib-woestyn en die see, het korporaal Dippenaar waardevolle lesse geleer oor hoe die elemente die masjinerie van oorlog tot stilstand kan laat knars. "Nie net die sand nie, dit is ook die vogtigheid van die see. Jy sou dink die basis was nou wel 20 km van die see af, maar as daai misbanke oor die woestyn kom, dan is alles vir omtrent 'n oggend nat en dan droog hy vinnig uit."

Die gevolg, as jy nie nougeset onderhoud doen nie, was roes en sout wat soos 'n gom neerslaan en aanpak. In daardie uitdagende omstandighede het hy ook die waarde van soldatevriendskap geleer: "Ouens wat almal soontoe verplaas is en ook maar hul tyd daar moes deurmaak ... Ons het byvoorbeeld sandduine gery. Jy ry tot by die voet van die duin en dan is dit soos 'n berg wat jy opklim tot bo voordat jy op 'n plank afski."

Dan was daar natuurlik ook goeie blootstelling aan die verskillende tipe uitrusting wat daar by die basis was. Angola se sand, sou hy later leer, kan net so 'n wetter wees.

Soos dit met die swerwersbestaan van 'n beroepsoldaat gaan, moes hy op 'n dag sy sak pak en terug Pretoria toe, waar hy gehoor het hy is nou nie meer te jonk om luitenant te word nie. Wat beteken het hy moes wéér sy tasse pak – hierdie keer vir offisiersopleiding op Oudtshoorn.

"Dis die tipe opleiding daai wat 'n grondslag gelê het van dissipline, van opleiding en van samewerking. Oor hoe militêre beplanning gedoen word."

Daarna volg sy eerste volwaardige tuiseenheid, 1 Spesiale Diensbataljon (1 SDB), die bekende pantsereenheid in Bloemfontein.

Daar het hy vir die eerste keer geleer hoe pantser saam met infanterie en artillerie werk.

In terugskou het dit die basis gevorm van die gemeganiseerde oorlogvoering wat sou volg.

Van Bloemfontein is hy na Zeerust (in die huidige Noordwes) en daar het hy geleer hoe vermoeiend lang afstande vir drywers agter die stuur van 'n pantserkar kan wees. Hy verduidelik dat haltparades waartydens drywers ná 'n sekere afstand moet stop om bene te rek in daardie tyd nie so nougeset afgedwing is nie. Dis 'n les wat hy jare later sou onthou toe die Ratels die lang pad na Smokeshell in Angola sou aanpak.

'n Ander les uit daardie tyd gaan oor kaartlees. "Ja, daar was kaarte van die gebiede waardeur ons gery het in die destydse Wes-Transvaal, maar hulle was ook maar lekker vaag. Jy moes baie staatmaak op die junior leiers. As jy vir hom 'n taak gee om na punt X te gaan met 'n bepaalde roete en hy kom nie daar uit nie, dan verongeluk dit die hele plannetjie van wat jy wou doen."

In die Angolese bos sou die padkaarte baie slegter wees.

Toe is hy na die Leërkollege in Pretoria vir die kursusse wat kennis, vaardighede en bevorderings gebring het. En oplaas sy eerste voorsmakie van operasies. "Ek is verplaas Rhodesië toe [vandag Zimbabwe]. Dit was 'n heel ander, nuwe ondervinding ... Dit was in 1977, en ek is toe sak en pak soontoe met die hele familie, my vrou en die drie kinders. Die kinders het toe net begin skoolgaan."

Dippenaar was 'n bietjie langer as 'n jaar daar en het die leiers-opleiding van die Rhodesiese weermag gedoen.

"Rhodesië was vir my 'n geweldige ontwikkeling in die sin dat 'n ou met 'n vreemde nasie en 'n vreemde doktrine te doene gehad het. Ek het 'n hele paar keer saam met hulle in operasies ingegaan en gesien hoe hulle optree ... Veral met hulle grond-lug-operasies. As daar 'n helikopter opgaan, of 'n vliegtuig, het hulle altyd goeie waarneming op die vyand en as hulle die vyand sien, dan kon hulle duidelik instruksies gee aan die grondmagte. Dit was vir my een van die uitstaande punte van die opleiding en operasies daar."

Daar het Dippenaar ook eerstehands meer oor politieke speletjies geleer. Henry Kissinger, die destydse Amerikaanse minister van buitelandse sake, was op pad na Rhodesië en hy mog nie weet van die Suid-Afrikaanse betrokkenheid daar nie.

"Toe moes ek binne 24 uur padgee ... Dit was nogal 'n skok vir my. Hulle het net gesê: 'Die trok stop môre hier by jou en jy pak jou goed en die volgende dag is jy weg. Moenie verder bekommer oor die trok nie, ons sal die goed by jou kom aflewer in Pretoria.'

"Op daai manier is ek daar uit, binne 24 uur met vrou en kinders. Gelukkig is daar vir my in Voortrekkerhoogte 'n huis gereël. Dit was sonder meubels en ons moes maar bymekaarmaak ... Daar het ek toe 'n paar jaar gebly terwyl ek in Leërhoofkwartier gewerk het."

Sy nuwe taak het alles oor die organisering van eenhede gegaan. "Glad nie my veld nie, dit was vir my 'n straf."

Maar hy was op die punt om nog 'n reuse-tree nader aan Smokeshell te gee. "Terwyl ek nog daar besig was toe sê hulle ek moet uit my kantoor skuif."

Die rede? Sy aanstelling as die persoonlike stafoffisier van generaal Constand Viljoen, destyds hoof van die Leër.

"As ek so na my hele loopbaan terugkyk, dan sou ek sê dit was een van my hoogtepunte as soldaat. Nou het ek 'n blik gekry van die totale weermag: hoe lyk dit en spesifiek hoe lyk die Leër en hoe funksioneer dit. Generaal Viljoen was werklikwaar 'n professionele soldaat, hy het hom nie opgehou met nonsens nie. Aan die ander kant, as jy wou raad hê, kon jy na hom toe gaan. En as jy in die moeilikheid was, kon jy na hom toe gaan. Want hy sou altyd baie objektief en oordeelkundig optree en oplossings vind."

Soos die noodlot dit wou hê, was Dippenaar teenwoordig tydens die eerste gemeganiseerde operasie in Angola in Mei 1978. Viljoen wou hê dat hy saam met 'n gemeganiseerde kompanie moes ingaan tydens Operasie Reindeer. Die teiken was Chetequera, sowat 40 km anderkant die Suidwes-grens.

Operasie Reindeer is vir sommiges dalk meer bekend weens die lugstormloop deur valskermtroepe op Cassinga, onder leiding van die legendariese kolonel Jan Breytenbach. Die aanval op die doelwit by Chetequera – ook deel van Reindeer – is deur Veggroep Juliet, onder bevel van kommandant Frank Bestbier, hanteer. Dit was die eerste operasie waarin Ratels aangewend is.

In militêr-historiese kringe word Veggroep Juliet dikwels as die voorganger van 61 Meg beskou, hoewel die doktrine van mobiele oorlogvoering ná die ontbinding van Veggroep Juliet nog heelwat verfyn sou word.

Met Reindeer agter die rug het Dippenaar weer, soos voorheen, gedurig op 'n chopper geklim om Viljoen op sy besoeke aan eenhede heinde en ver te vergesel. En toe, op een so 'n vlug, laat in 1978, kom die groot oomblik.

"Ek sal dit nooit vergeet nie: Ons het van die een eenheid in Oos-Londen af gevlieg na 'n volgende een toe, toe Viljoen vir my sê: 'Hoe sal jy daarvan hou om 'n gemeganiseerde mag te gaan aanvoer in Suidwes?'"

Vir 'n oomblik was "Jissie. . ." al wat Dippenaar kon uitkry. "Ek het toe nie eers geweet waarvan hy praat nie. Al wat ek gehoor het was 'meg' en 'die Grens', maar dit het my aangeskakel en toe sê ek: 'Ek vat dit onmiddelik, kannie wag nie, wanneer kan ek ry?'"

Wees kalm, het Viljoen geantwoord, die tyd moet nog aanbreek.

Maar reeds daardie Desember moes Dippenaar sy goed pak. Teen Januarie 1979 – terwyl die dienspligtiges van die Smokeshell-generasie hul eerste skreeuende korporaals in Bloemfontein ontmoet het – was kommandant Dippenaar al in die operasionale gebied van Suidwes as die eerste bevelvoerder van 61 Meg.

Paul Louw was net twee jaar oud toe sy pa, Johan, oorlede is. Maar tydens sy grootwordjare in Bloemfontein, as die jongste van drie kinders, het hy gereeld mense oor sy pa hoor praat en hulle het net goeie dinge oor hom gesê. Vandat hy kan onthou, wou Paul Louw soos hy wees: "Iemand met 'n graad en wat 'n kommandant in die leër is."

Daardie wens het een van die dryfvere vir die toekomstige diensplig-luitenant geword.

"My pa was die enigste kind in die familie en hy was, klink dit vir my, 'n baie bright ou. Hy't op Reitz in die Vrystaat grootgeword, sy familie het daar geboer," vertel Paul. "My oupa en ouma het besluit hy moet êrens na 'n groot skool toe gaan, want hy het blykbaar die verstand gehad, so toe is hy Grey [Kollege] toe in Bloemfontein. Hulle het toe almal Bloemfontein toe getrek, na Shannon, 'n kleinhoewe-gebied aan die oostekant van die stad."

Volgens alle aanduidings was dit 'n goeie skuif vir Paul se pa. "Hy was, ek dink in 1944, hoofseun op Grey. Hy het die skool verteenwoordig as 'n skut, was later jare 'n Springbok-skut en blykbaar ook goed akademies."

Paul se ma, Jo, 'n nooi van Koffiefontein, en sy pa het as studente by die Universiteit van die Oranje-Vrystaat ontmoet, waar albei BSc studeer het – hy in geologie en sy in die mediese wetenskap. Sy pa was lief vir die veld, sê Paul, maar ook hy het kadette op skool geniet en toe ná universiteit by die staandemag aangesluit, waar hy skouers geskuur het met opkomende offisiere soos Constand Viljoen. Hy was onder meer bevelvoerder van 1 SDB in Bloemfontein – dieselfde pantsereenheid waar Dippenaar was. Op 'n stadium het die geheime wat in klippe opgesluit is Paul se pa egter laat besluit om na sy civvie-nering terug te keer.

"Maar toe het 'n paar ouens na hom toe gekom – ek wil nou nie sê generaals nie, maar later het hulle generaals geword, onder andere Constand Viljoen. Hulle het gesê: 'Ons gaan iets reël.'"

Om 'n lang storie kort te maak: Paul se pa is oor na die reserwemag. En kort voor lank was hy heeltyds dosent in geologie aan Kovsies en deeltyds bevelvoerder van 1 Regiment Steyn, met die rang van kommandant. "Wat hy vandag heel waarskynlik baie trots op sou gewees het, was dat Regiment Steyn die eerste ouens was om met tenks buite Suid-Afrika te baklei [tydens die Bosoorlog]."

Paul was só vasberade om volledig in sy pa se voetspore te volg dat hy in sy st. 5-jaar (deesdae gr. 7) aan die Laerskool Willem Postma met sy eie geld vir hom 'n Grey-sweetpak gaan koop het. Sy ma het intussen egter haar werk in die mediese veld vaarwel geroep, onderwys gaan studeer en 'n pos by Hoërskool Sentraal losgeslaan.

Dis toe waarheen Paul sou gaan. "Ek hou verskriklik baie van sport, so ek het nie baie geleer nie. Ek het rugby gespeel, hokkie gespeel, krieket gespeel."

Groot, sterk en sportief soos wat hy was, het Paul ook in die koor gesing. "In matriek was ek die, kom ons noem dit maar, 'hoofseun' van die skoolkoor!"

Vir sy laaste drie jaar op skool, was hy in die koshuis. Hy was dus bly toe hy en Wessel, sy vriend en hoofseun van die koshuis, saam na 3 Suid-Afrikaanse Infanterie Bataljon (3 SAI) in Potchefstroom opgeroep is. In hul laaste skoolvakansie sou Paul egter eerstehands met tragedie kennismaak: eendag, terwyl Wessel sy pa op hul karakoelplaas naby Niekerkshoop gehelp het, het 'n aartjie in sy kop gebars en hy is net daar dood.

Die skoolhoof het Paul en van die ander leerders Niekerkshoop toe gevat waar hulle Wessel se kis gedra het. "Wanneer 'n ou nou terugkyk na daai jare, dan besef jy ons het eintlik baie beskermd grootgeword. Ons is weggehou van begrafnisse en goed. En hier is jy nou ewe skielik fisiek betrokke by 'n begrafnis en dis 'n groot pêl van drie, vyf jaar … As ek nou terugdink, is dit dalk iets wat my op die army help voorberei het."

Want hy wis dit nog nie, maar hy sou van baie troepe moes afskeid neem.

Tydens basiese opleiding by 3 SAI was sy liefde vir sport op skool 'n seëning. "Almal het jou mos daai jare gewaarsku: jy moet so fiks wees, die weermag moet jou niks kan doen nie. En ek wás so fiks … Ons het mos daai soort van opneuksessies gehad en ek het eintlik meestal gelag daarvoor."

Ná basiese opleiding is hy gekeur vir Infanterieskool op Oudtshoorn en daar was dit dieselfde storie. "Louw, ek kan eintlik met jou niks doen nie, want ek kan jou nie opneuk nie want jy's te fiks. Jy lag eintlik vir my, maar ten minste laat jy die peloton lag," het sy pelotonbevelvoerder destyds laat hoor.

"So, ek het altyd die ouens in 'n goeie stemming gebring as hulle down was of as die ouens moed ingepraat moet word. Jy weet, daai van 'kom boys, ons moet nou klaarmaak'," vertel Paul.

Een van die berugte ontberings wat alle leierstudente by die Infanterieskool moes deurmaak, was die Vasbyt-stap. "Met Vasbyt het hulle gekyk hoe ver hulle jou kan druk. In die nag het ons op die Swartberge in agt duim sneeu geslaap. Ons het gesuffer, dit was heavy. Ek het my boots en my voete stukkend geloop. Op die derde dag toe gaan ek na my pelotonbevelvoerder en sê: 'Ek kan nog aangaan, maar ek kan nie met sulke skoene en voete aangaan nie. So óf hulle moet vir my ander boots kry óf ons moet iets doen.'"

Paul het gedink hulle gaan hom net daar van die kursus afgooi, maar in stede daarvan word die Vasbyt toe afgestel omdat een van die studente dood is.

Dat hy skaars 'n jaar later 'n "Vasbyt-stap" in die Angolese bos sou moes aanpak om sy en 'n handjievol manne se lewens te red, kon hy nie toe geweet het nie.

Toe sy kursus by die Infanterieskool einde se kant toe staan, kom die geleentheid om vir Meg-leiersopleiding gekeur te word. Paul reken hy wou eintlik alles doen wat die weermag in Bloemfontein beskikbaar gehad het tydens sy skoolloopbaan. "Ek wou 'n pilot gaan word het, want by Bloemspruit het hulle choppers. Ek wou ook gaan valskermspring het, want daar is gedurig valskermspringers die hele blêrrie Bloemfontein vol."

Maar soos die noodlot dit wou hê, was daar 'n gevegsdemonstrasie by Oudtshoorn vir buitelandse waarnemers en hy sien toe die Ratels in aksie. "En ek weet, goed, die Ratels is by 1 SAI in Bloem en toe doen ek aansoek vir Meg."

Die dag toe hy instap vir die keuringsonderhoud kyk hy vas in kolonel Frank Bestbier, wat hom danksy sy rugby geken het. "Hy sê toe: 'Luister man, jy wil seker net na aan jou ma wees, by die huis.' En ek sê: 'Nee, wel, dis 'n bonus, maar ek wil graag Meg doen.'"

Of Bestbier hom geglo het of nie, Paul was gou op pad Bloemfontein toe – na die voedingseenheid vir die ystervuis wat Dippenaar sou smee.

In Bloemfontein was die legendariese (destyds majoor) Ep van Lill die Meg-kursusleier. Dié sterk geboude man met die groot swart snor sou oor die jare 'n reuse-bydrae lewer om die toe nog nuwe konsep van meg-oorlogvoering te ontwikkel.

As een van die vegspanleiers onder Bestbier tydens Operasie Reindeer, het hy lesse op die grond geleer wat hy, terug by 1 SAI, toegepas het om die meg-infanterie se aanslag ingypend te verander. 'n Mens kan maar sê hy was die vader van loopgraafopruiming ... Dus, die gevegsdrills wat generasies troepe sou gebruik om die vyand se loopgrawe en bunkers binne te gaan en alles in hul pad uit te wis.

Hy sou later ook 'n bevelvoerder van 61 Meg word en die eenheid in onder meer Operasie Askari in Angola (1984) aanvoer. Maar toe Paul hom die eerste keer ontmoet het, was sy taak om nuwe junior leiers vir meg-oorlogvoering op te lei – iets wat hy op sy eiesoortige manier gedoen het.

"Oom Ep het altyd soos 'n absoluut onverskrokke ou gelyk," verduidelik Paul. "Hy was 'n valskermspringer, altyd met sy valskerm-boots aan. As jy drooggemaak het, het hy jou op die skene geskop met daai boots."

Vir die Meg-leierstudente was daar, benewens die fisieke opleiding, nimmereindigende onderhoudwerk en inspeksies, asook baie teorie om baas te raak. "Ek het net besluit, hulle gaan my nie onderkry nie. Ons het in die nagte ons huiswerk gedoen, ons het geswot, ons het ons toetse geslaag. Ons was tops.

"Ek wil amper sê ek het eers daar in die weermag eintlik begin besef wat dit is om in die nag te studeer, want ek het dit nie op skool gedoen nie. En dit was lekker, dit was goed waarvan ons gehou het."

Ep van Lill het een waardevolle les oor en oor by sy studente ingedril: dis goed om dinge volgens die boek te doen, "maar wanneer die skote begin klap, raak die boek obsolete, dan verander die hele prentjie. Dan moet jy in jou kop na plan A, B of C gaan. Jy moet altyd 'n plan hê."

Een van Swapo se goed voorbereide bunkers by Smokeshell.

Hulle het dit ook so ingeoefen tydens opleiding, "maar ons het nooit verder as plan C gegaan nie. Daar was niks daarna nie."

Nog 'n waarheid van oorlog: jy kan maar "sagmaak" met lugaanvalle, artillerie en mortiere soveel jy wil – op die end moet jy infanteriste te voet in die vyandelike loopgrawe en bunkers instuur as jy die doelwit wil vat. Daarom het "Oom Ep" sy kursustroepe loopgraafopruiming laat oefen totdat dit tweede natuur was. Eers droog, dan met lewendige ammunisie.

Kom jy by die bek van 'n bunker gooi jou buddie 'n handgranaat in. BOEM! En dan skil jy van agter by hom verby en stuur twee geweerskote, TAP-TAP!, agterna nog voor die stof kan sak. Maak seker niks binne bly lewe nie, want jou buddies leap frog alreeds verby na die volgende deel van die loopgraafstelsel. Dis 'n dodelike, gechoreografeerde dans van spoed en presisie. Skiet, dek jou buddy se rug, beweeg vorentoe, herhaal.

Tydens daardie eindelose drills kon Paul nie geweet het wat dit later vir hom en sy makkers in die bos sou beteken nie. Dit was juis tydens een so 'n opleidingsessie tussen die Vystaatse koppies waar Paul op die harde manier geleer hoe maklik dinge kan skeefloop. "Hulle het die handgranaat in die loopgraaf of om die hoek gegooi en die ou storm toe om die hoek en hy besef die handgranaat het nie afgegaan nie ... Toe hy agtertoe val, ontplof die granaat. Van die skrapnel is regdeur sy hart."

Dit was 'n skok vir almal, maar hul opleiding moes voortgaan. "Dis maar die gruesome deel van in 'n situasie wees ... moenie dit ontwyk nie, gaan terug en doen die job oor, gaan doen dit beter."

Oplaas het ook hierdie kursus tot 'n einde gekom en Paul moes, nes die res van die kursusgroep, aandui hoe hy vorentoe as offisier aangewend wil word.

"Ek het geskryf ek wil graag in Bloemfontein bly as 'n instrukteur – en dat ek wou aanhou rugby speel, want op daai stadium het ons 'n verskriklike lekker span gehad wat vir 1 SAI gespeel het. Toe roep Oom Ep ons een vir een in om met ons daaroor te gesels ..."

Van Lill het summier sy rugbydroom weggeblaas. "Ek wil nie eens met jou praat nie, jy gaan Grens toe, klaar. Ek het jou klaar ingedeel as pelotonbevelvoerder, daar is niks meer te gesels nie."

In daardie oomblik is tweede luitenant Paul Louw se reis na die hel van Smokeshell namens hom bespreek.

4
DIE PLEK VAN KAMEELDORINGBOME

Op 'n dag in Januarie 1979 klim die pantseroffisier toe met sy hele gesin en hul pakkaas op 'n Flossie in Pretoria vir die vlug van amper 2 000 km na Oshakati. Sending: om 61 Meg op te bou, feitlik van niks af.

"Dit was 'n heeltemal ander belewenis, daar is min eenhede wat so gestig is," vertel Dippenaar meer as 42 jaar later op sy kenmerkend rustige manier, gestroop van alle drama. "By Oshakati is daar vir 'n huis gereël. Ek vra: 'Waar is die eenheid?' en hulle sê: 'Nee, daar staan 'n paar voertuie in Grootfontein ...'"

Grootfontein was destyds die groot toegangspoort na die operasionele gebied. Vars troepe en voorraad het van die "States" (oftewel Suid-Afrika) noordwaarts na die uitgestrekte operasionale gebied gevloei. "Oumanne" op pad om uit te klaar – of ongevalle – het in die teenoorgestelde rigting, suidwaarts, gegaan.

Op Oshakati was Dippenaar dus meer as 300 km verder noord as die "paar voertuie" in Grootfontein. Ewenwel, op Grootfontein gekom, sien hy dis die Ratels wat die vorige jaar in Operasie Reindeer in aksie was. Gehawend en moontlik voldoende vir "dalk so een agtste van die eenheid" wat hy moes aanvoer.

Johann Dippenaar destyds as kommandant.

En die mannekrag? 'n Kompanie oumanne van 1 SAI wat by Oshivelo lê en wag, op die "rooilyn" wat die suidelike grens van die operasionele gebied aangedui het.

Op hierdie punt het sy ondervinding van die papieroorlog in Leërhoofkwartier handig te pas gekom. "Jy moes maar aanmekaar vra en die goed kry en dan laat regmaak sodat jy georganiseerd kan wees, met die regte radio's en die regte wapenstelsels. Seker maak dat als getoets en reg is.

"So, Januarie '79 was vir my 'n redelike moeilike tyd, want jy sit met 'n eenheid, maar jy het net twee ouens wat jou bystaan en nie een van hulle is in der waarheid gekwalifiseerd nie, hulle is maar net 'n hulp hier en daar. En dan moes al hierdie voertuie se uitrusting kom en soos die uitrusting kom, kom die soldate ook." Die volgende groot besluit was waar hierdie eenheid-in-wording gesetel moes wees, "want die hele Ovamboland lê oop". Dippenaar wou sentraal wees "sodat ons in enige rigting kon gaan". Hy gaan ry toe sommer self met 'n "gharrie", soos Land Rovers soms in die army genoem is, in die Oshivelo-kontrei rond. Kort anderkant die noordoostelike hoek van die Etosha-wildtuin, vind hy toe die plek wat plaaslike mense Omuthiya (kameeldoringbome) noem. "Kameeldoringbome was vir my baie bakgat. Jy is 'n bietjie in die natuur en daar was water, baie brak water, maar water is water."

Ewe belangrik is dat Omuthiya ver weg was van nuuskierige oë.

"So, hoe lyk jou basis in daai bos? Ek dink nie enigiemand het 'n benul gehad nie. Maar ek het hom daar beginne aftree en gesê hier moet 'n kompanie kom en hier moet 'n kompanie kom. Want 61 het toe bestaan uit 'n meg-kompanie (infanterie), 'n pantsereskadron, 'n artilleriebattery, die genie- en seinerkorps en logistieke voertuie wat daardie mag ondersteun, en dan die hoofkwartier.

"Die hoofkwartier alleen was vier Ratels, net vir die bevel-in-beheer-groep. Soos wat die troepe inkom, is hulle maar in gebiede ingedeel om eerstens gelyk te maak om hulle tente op te slaan en tweedens om loopgrawe vir beskerming te grawe. So dit was 'n bedrywige tyd vir die vestiging van 61 daar op Omuthiya."

Baie van die aanvanklike bouwerk – die rye sementblaaie vir troepetente, die groot menasie en ablusieblokke, die store, voertuigherstelpark en groot loodse vir die Ratels – is deur die infanterie-kompanie gebou wat Dippenaar by Oshivello "geërf" het, asook genietroepe.

Destyds was die Etosha-wildreservaat nie volledig omhein nie en soms het olifante snags soos groot, grys bosgeeste deur die tentlyne beweeg. Daardie eerste groep dienspligtiges het enigiets van nagapies tot 'n sebravul en 'n luislang as troeteldiere aangehou, of soms skerpioene of spinnekoppe teen mekaar laat veg.

"Dis maar tipies die manier wat troepe optree: hulle is nie vir 'n oomblik stil nie en sou jy vir een oomblik hoor hulle is stil, dan moet jy weet daar's moeilikheid aan die kom."

Swapo sou egter nie toelaat dat Dippenaar sy eenheid onverstoord vestig nie. In Mei 1979 het 'n groot groep guerrillas oor die grens gekom en vinnig suidwaarts beweeg.

"Ek was was nog besig om Ratels en pantserkarre gereed te kry, toe sê hulle nee, ek moet Tsumeb toe. Hier is terroriste en daar is moorde gepleeg by die Friederich- en Roodt-families."[1]

Dit was die begin van die teeninsurgensie-operasie genaamd Awake, wat later Operasie Carrot sou word. Skielik was die aksie reg in sy agterplaas eerder as noord van die grens in Angola, honderde kilometers weg.

"Ja, dit was 'n heeltemal ander dimensie van daai oorlog. En weereens is die buigsaamheid van ons troepe gedemonstreer. Wragtig, hulle het opgetree, een, twee, drie ... en die spoorsnyers

---

1 Die aanvalle op die plase in die sogenaamde Driehoek van die Dood word beskryf in my boek *Tannie Pompie se Oorlog*. Op 8 Mei 1979 het 'n groep Swapo-insurgente op die Roodt-familie se plaas, Wildernis, naby Tsintsabis toegeslaan. Net die twee jong Roodt-kinders, om en by drie, vier jaar oud, en hul ouma was tuis. Al drie is op die werf vermoor. Die groep het toe verder suid, in die rigting van Tsumeb, beweeg en ook Adolf Friederich op sy plaas Tsutsab doodgeskiet. Dit was die bloedigste aanvalle op burgerlikes in Suidwes-Afrika tot op daardie stadium. Dippenaar het sy taktiese hoofkwartier tydelik na Tsumeb verskuif en oorhoofs bevel geneem van die teeninsurgensie-operasie. Die meeste van die insurgente was ná twee weke dood en enkeles het vermoedelik oor die grens terug Angola toe gevlug. Daarna kon Dippenaar voortgaan om sy basis op Omuthiya te voltooi en 61 Meg behoorlik op die been te kry.

van Tsumeb se kommando het uitstekende werk gedoen."

En toe's dit tyd vir die Smokeshell-generasie om behoorlik in die rye bruin tente onder die kameeldoringbome van Omuthiya nes te skop, waar hulle eindeloos geslyp sou word vir die dag wanneer hul Ratels noordwaarts na Angola sou opruk.

Dit was soos die United Nations, onthou Marco Caforio vandag sy buddies van Peloton 1, Bravo Kompanie. Want in 'n army waar boerseuns en Afrikaans oorheers het, was hulle 'n gemengde spul. "Souties, Italianers soos ek, Portugese, Grieke, die boertjies ... alle soorte."

Marco wou eintlik 'n parabat word – nes sy oupa aan sy pa se kant, wat as 'n valskermsoldaat in die Tweede Wêreldoorlog geveg het voor die familie van die verwoeste Europa na Suid-Afrika gekom het om oor te begin.

Tydens basiese opleiding by 1 SAI het hy sy hand opgesteek toe die valskermbataljon-werwingsoffisiere hul draai kom maak het. Hy is toe gekeur vir opleiding by die "Bats", sommer reg langsaan in Tempe se uitgestrekte militêre kompleks, wat ook 1 SDB huisves.

Daar by die Bats se menasie ontmoet hy toe vir Robert de Vito van Boksburg, ook van Italiaanse afkoms. En soos dit nou maar gaan, het albei tydens die intense valskermopleiding uitgeval en 'n "RTU" (return to unit) gekry. Letterlik: keer terug na jou oorspronklike eenheid (in hulle geval 1 SAI).

"Vreemd genoeg is ons toe albei by Peloton 1, seksie 3 ingedeel en ons het baie hegte vriende geword, saam opleiding gedoen en saam op pas gegaan, saam met Andrew Madden van Benoni," vertel Marco 42 jaar later by sy huis in Roodepoort.

Een boerseun in hul mengelmoes van 'n peloton was in sy element:

Marco se vriend Rob de Vito.

Rob de Vito (middel) tydens basiese opleiding by 1 SAI.

HP, die plaaskind van Theunissen, wat intussen as die drywer van Ratel 21 (die pelotonbevelvoerder se Ratel) ingedeel is. Veral toe hulle aanvanklik plaaspatrollies in die Tsumeb-omgewing gery het en dan saans die boere se gasvryheid kon geniet.

"Jissie, daai mense was ingerig. Daar was stretchers en bedjies wat opgeslaan was vir die ouens om te slaap, lekker warm. En hulle het altyd gesorg dat ons lekker kos kry. As hulle hoor die troepe kom, dan slag hulle en ons eet en dan is jy partykeer vir vyf dae op 'n plaas, want die plase is baie groot daar."

Toe is die plaaspatrollies vir eers verby en die dae op Omuthiya word gevul met onderhoud en opleiding, onderhoud en opleiding. Maar ook hier het die "praktiese" HP gedurig streke bedink om die lewe lekkerder te maak.

"As daar Grootfontein toe gery moes word [vir voorraad], het ek gesê ek sal gaan. Nou ja, daai stoormanne was partykeer stadig en die vleis was in sulke bokse. Dan laai ons daai bokse, maar jy gooi hom so vinnig dat jy twee, drie bokse ekstra score sonder dat dit getel word. En blikkieskos en biere. Daai aand by Omuthiya braai ons lekker en vat bietjie wyn."

Die volgende oggend is hulle altyd gestraf. Maar vir HP, wat as kind altyd van die een plaashek na die ander gehardloop het om dit vir Pa se bakkie oop en toe te maak ("ek het nooit agterop gery nie"), was dit geen afskrikmiddel om kilometers ver gejaag te word nie. Die ander ouens het altyd doelbewus in 'n groepie gebly en 'n sekere pas gevat, maar HP het voluit gehardloop en almal het hom laat begaan, want dit was sy ding.

"Vir my was dit lekker, want ek kón hardloop. Ek het partykeer al klaar gestort, dan kom die ander ouens eers op so 'n drafstappie weer die basis in."

HP Ferreira, Marco Caforio, Gareth Rutherford van Kalkbaai en Jan Hoevers van Ermelo en die ander was al goed ingeburger op Omuthiya toe Paul Louw – vars van sy Meg-leierskursus in Bloemfonein – daar opdaag.

Hy onthou sy eerste blik op die troepe wat hy moes oorneem en lei soos gister. "Ons kom toe daar aan en jy loop jou in hierdie oumanne vas, hardebaarde. Ou maat, hulle browns is al so vaal soos die sand uitgewas en hulle het al snorre.

"En toe kry ek Bravo se Peloton 1 – die gedugte Peloton 1 …"

'n Gemeganiseerde infanterie-peloton het vier Ratel-gevegs-voertuie gehad: een vir die pelotonbevelvoerder (luitenant) en een elk vir die peloton se drie seksies. Elke seksie het bestaan uit sewe geweerskutters, die drywer, die gunner wat die voertuig se 20 mm-kanon en 7,62 Browning-masjiengeweer bedien het, en die seksieleier (korporaal).

In die pelotonbevelvoerder se Ratel was daar (benewens sy drywer en gunner) ook die 60 mm-mortierspan, die pelotonseiner en medic, die peloton-onderoffisier (ook 'n korporaal) en die ordonnans.

As pelotonbevelvoerder van Bravo Kompanie was Paul se radio-roepsein 21 (lees: twee-een). Sy seksie 1 was 21A (twee-een-alpha), seksie 2 was 21B (twee-een-bravo) en seksie 3 was 21C (twee-een-charlie). Die roepseine is groot op elke Ratel geverf sodat almal weet wie in daardie Ratel ry en veg. As meg-soldaat was daardie radioroepsein deel van jou identiteit – wie jy is en waar jy behoort solank jy in browns is.

Paul se seksie 1-bevelvoerder was Joe Lourens van Carletonville, "Pappa Joe" soos almal hom genoem het. "Hy was 'n groot ou, 'n mean blikskottel, maar baie gedissiplineerd, 'n goeie seksieleier," onthou Paul.

Vir sy korporaals en onderkorporaals het Paul net lof gehad. En die troepe? "My seksie 3 – jy moet dit dalk nie in jou boek skryf nie – maar hulle was 'n klomp Engelsmanne en twee Italianers. So 'n bietjie laid back, hulle het nie altyd die erns van die saak besef nie."

Maar, voeg Paul by, "hulle was verskriklike goeie troepe".

Troepe soos die einste Marco Caforio van Orange Grove, destyds die buurt waar talle van Johannesburg se immigrantegesinne hulle gaan vestig het. Dit was wêrelde verwyder van die plaaskinders en Afrikaner-gemeenskappe van die Vrystaat. Maar in die smeltkroes van 'n gemeganiseerde oorlogsmasjien het dit nie saak gemaak nie. Hulle was buddies, die spreekwoordelike brothers in arms.

By die oefengebied in die bos so 15 km van Omuthiya af is daar voortdurend verder geslyp aan die drills en gevegsdoktrines van gemeganiseerde oorlogvoering: die formasies en bewegings van die Ratels; integrasie tussen pantser en artillerie, die kritieke oomblik wanneer die lugdrukbeheerde deure van die Ratels oopgaan en die troepe "uitstap" om te voet in die vyandelike loopgrawe in te gaan. Veg deur die doelwit. Konsolideer. Ruim op. Herhaal. En met elke oefensessie het Paul se respek en waardering vir sy peloton gegroei.

"Hulle was verreweg die beste van hul inname. Jissie, daai ouens was goed, as dit gegaan het oor vuur-en-beweging [die aanvalstaktiek van infanteriste op die grond], seksiedrills en pelotondrills," vertel hy oor die jong manne vir wie hy op Omuthiya verantwoordelikheid aanvaar het.

"My pelotonsersant het altyd vir my gesê ek was te veel betrokke by die troepe … Ek het dit nie doelbewus so gedoen nie, maar ek wou hê die troepe moes, wanneer ek iets vir hulle sê, hulle alles gee. En ja, ek het in die aande by húlle gaan sit en kuier in die tente, nie saam met die ander luitenante gaan sit en Gunston rook nie.

"Een aand het ek by die een seksie gaan sit en kuier, die volgende aand by die ander een. So, ek het baie gemeng met my troepe, ek het gevoel jy moet. Om hulle te leer ken was vir my belangrik. Ek wou daar wees vir hulle. As daar 'n besending steaks ingekom het en ek kon vir hulle daarvan kry, dan het ek.

"En as ek 'n bottel brandewyn gaan koop het vir die offisiere, het ek vir elkeen van my seksies ook een gekoop. Dan kon hulle daarmee maak wat hulle wil, maar die feit van die saak is as ons vanaand kuier, dan kuier ons. Maar môre moet almal weer reg wees vir werk of gevegsdrills."

Hy het soms gevoel Bravo Kompanie se ander twee pelotons beny hulle daardie verstandhouding. "Of dalk verbeel ek my. Maar ons was … jissie, dit was 'n lekker groep ouens."

Vier dekades later bevestig Marco, een van daai "laid back" manne van seksie 3 (oftewel Charlie-seksie, ingevolge die internasionale alfabet wat die army gebruik): "He was a great man, my lieutenant Paul Louw … A good oke."

Vroeg in 1980 moes Bravo Kompanie se lewe en roetine op Omuthyia vir eers die pas markeer.

Bravo is agterop die groot vragmotors – bekend as "Wit Olifante" – na Grootfontein gekarwei, in die maag van 'n Flossie gelaai en terug States toe gevlieg. Van Bloemfontein af het hulle toe met geleende Ratels die langpad gevat Messina toe, digby Suid-Afrika se grens met die destydse Rhodesië.

Dit was onsekere tye. Die Rhodesiese bosoorlog was iets van die verlede en die eerste verkiesings waaraan Robert Mugabe se Zanu-PF sou deelneem was op hande. Die apartheidsregering wou 'n sterk mag naby die Beitbrug-grenspos hê. Net vir ingeval.

Jan Hoevers, die assistent-treindrywer wat besluit het om tog

36

maar sy diensplig agter die rug te kry sodat hy daarna sy eie baas op civviestraat kon word, was nou die drywer van Ratel 21B. Dit was op dié tog dat hy beleef het hoe uitputtend die lang ure agter die stuur kan wees.

"Ons was vir 'n paar dae in Potchefstroom en toe sê hulle die drywers moet nou maar die dag slaap, want vanaand ry ons deur Messina toe. Maar dit was bitter warm en jy kon nie slaap nie. So sesuur die aand, toe ry ons.

"Ek was later geweldig moeg en ek sê vir die ouens oor die radio – ons het mos ons kopstukke op – hulle moet maar grappe vertel en stories en enige ding, maar hou my net wakker. Ek dink dit was hier anderkant Pretoria, toe hoor ek net 'n gesnork in my ore."

Die drywer se stoel en stuurkonsole is heel voor en in die middel van die romp, so half onder die toring. Beknop, afgesonderd en vrek warm.

"Kyk, jy raak gewoond aan 'n Ratel, maar sodra jy bietjie fokus verloor dan kry jy daai body roll, soos ons dit noem, en dan moet jy hom weer regtrek. Dis nie soos 'n kar nie en dit gaan ook nie vinnig nie. Almal is in 'n konvooi en dis vervelig."

Maar fokus moes hy, want daardie body roll het al meer as een Ratel laat omval, soms met noodlottige gevolge vir die insittendes. Jan se snorkende buddies se lewens was in sy hande. Dit was al rooidag toe hulle in Messina aankom en hulle weerskante van die lughawe se aanloopbaan moes ingrawe.

Daar was egter geen drama anderkant die grens waar Rhodesië besig was om Zimbabwe te word nie, en Paul Louw se enigste uitdaging was om sy peloton besig en gedissiplineerd te hou. En soos gewoonlik was Marco en sy pêlle – die laid back seksie 3 – ietwat van 'n klip in die skoen.

"Ons peloton was veronderstel om soggens eerste te eet, daarna

Peloton 2 en so aan. Maar elke oggend het ons laaste gaan eet omdat seksie 3 altyd laat was. Uiteindelik kom Joe Lourens, daardie willewragtag-korporaal van seksie 1, en hy sê: 'Luitenant, ek gaan nou maar hardhandig optree met hulle, want hulle wil nie luister nie.' En ek sê dis reg," vertel Paul.

"Die volgende oggend kom hulle weer so deur die bosse aangedrentel ... die ander pelotons het al gaan eet, maar ons wag nog vir seksie 3. Joe stap reguit na hulle en hy begin vir hulle links en regs klap dat jy net dixies en fire buckets sien trek. Toe hy by die laaste een kom, toe hardloop hulle almal, maar mooi netjies in gelid. En wragtig, van daar af, toe's alles uitgesort en eet ons altyd eerste."

Laat in Mei 1980 het hulle toe weer die langpad terug Bloemfontein toe gevat. Daardie rit is ook vir altyd in Paul se geheue ingeëts. "Ons het die agterpaaie gery, nie die N1 nie. By Welkom het 'n ou met 'n fiets voor 'n Ratel ingery en ek sal nooit vergeet nie, ek het in my Ratel gesit en ek het net daai bloedsproei in die lug gesien."

Maar in 'n konvooi trek jy nie sommer so van die pad af nie.

"Ek het dit gerapporteer op die radio en daar is net eenvoudig vir my gesê om nie te stop nie. 'Die militêre polisie en die verkeerspolisie sal dit uitsorteer, julle hou net aan ry.' Dis eintlik scary as jy daaraan dink, maar daai tipe van goed het gebeur."

Met die "geleende" Ratels terug by die groot voertuigpark op De Brug buite Bloemfontein het Bravo 'n week pas gekry voor hulle na Omuthiya sou terugkeer – maar daar was 'n buitengewone voorwaarde.

"Ons moes saans na die SAUK se laaste nuusuitsending kyk," onthou HP Ferreira. "Destyds was dit nog ou Riaan Cruywagen. As hy aan die einde van die nuus 'n sekere kodewoord sou sê, moes ons dadelik kom."

Hulle pas is toe inderdaad kortgeknip met die woord "Foxbat" aan die einde van die seweuur-nuus een aand. Wat hulle nie kon weet nie, is dat dit beteken het hul vuurdoop is om die draai.

HP se pa het hom en Gertjie Kemp, die drywer van Ratel 21A wat saam met hom by sy ouerhuis gaan kuier het, naby die garage by die ingang na Theunissen gaan aflaai. Daar by die destyds bekende padteken met die figuur van 'n rylopende soldaat. "Mense het nooit by jou verbygery as jy daar gestaan het nie. Dis tien minute, dan het jy 'n lift en Bloemfontein was naby."

Later sou sy pa hom herinner aan sy vreemde afskeidswoorde daardie dag langs die pad: "Pa, ek kom huis toe, maar ek kom nie heel huis toe nie."

Terug op Bloemfontein het 'n Flossie die jong manne van Bravo weer ingesluk vir die vlug terug Grens toe.

5

GEHEIME PLANNE EN BROEIENDE ONHEIL

Een van die groot uitdagings om die beplanning vir Smokeshell, vertel Dippenaar, was die noodsaaklikheid om alles streng geheim te hou.

"Jy werk eintlik baie moeilik om so 'n operasie te beplan en niemand weet daarvan nie. Die geheimhouding het ook beteken dat die inligting wat 'n ou gekry het ook maar baie skraps en skaars was, ook nie akkuraat nie."

En natuurlik was daar nie goed soos GPS-navigasiestelses en Google Maps nie.

Die doelwit was net 'n plek in die bos. Lugfoto's en die inligting wat uit gevangenes en die plaaslike bevolking verkry kon word, was feitlik al waarmee Dippenaar en sy span kon werk. Die ligging moes alles met behulp van beskikbare papierkaarte en kompas aanmekaar gesit word om 'n geheelbeeld te vorm.

"Daar het ek gesien hoe die inligtingsgemeenskap – die ouens wat nou werklik die taak moet verrig – ook maar kleitrap, want hulle het min inligting. En hulle moet vir jou antwoorde gee, want jy moet jou hele plan daarop baseer ... Dit was nogal 'n uitmergelende tyd."

Oor een ding was die weermag se slimkoppe egter seker: Swapo was besig om te organiseer vir nog een van sy groot jaarlikse insurgensies tydens die reënseisoen – wanneer water, veldkos en ruier plantegroei in die noorde van Suidwes in hul guns getel het. Maar Pretoria was vasberade om die fight noord van die grens te hou – en buite die plaasgebiede van Otavi, Grootfontein en Tsumeb, wat weens onlangse insurgensies die onheilspellende bynaam die "Driehoek van die Dood" gekry het. Teen April 1980 was die besluit om 'n groot oorgrensoperasie teen Swapo van stapel te stuur reeds geneem.

Daar was egter een probleem: Swapo het ook al 'n paar lesse geleer. Tydens die suksesvolle Operasie Reindeer in Mei 1978 – toe Dippenaar saam met Bestbier se aanvalsmag beweeg het – was die doelwit naby die dorp Ongiva. Die gebied was goed bekend aan die weermag en net sowat 50 km in Angola in waar daar oop terrein is – perfek vir 'n meg-aanval so reg uit die handboek.

Die les wat Swapo geleer het? Om hul logistieke en bevelskomplekse dieper in Angola te gaan vestig, waar dit moeiliker was vir die Suid-Afrikaners om hulle by te kom. Gevolglik was die doelwit genaamd Smokeshell sowat 180 km in Angola in – en ver van enige gerieflike verwysingspunte soos 'n dorp, teerpad of geboue. Voorts was Swapo se magte versprei, eerder as gekonsentreer, en die koepel van die bos kon hulle teen soekende oë in die lug verskans.

Die inligting wat hulle gehad het om die aanval te beplan "was dus maar gebroke", verduidelik Dippenaar.

Bietjie vir bietjie is die legkaart gebou, "maar die prentjie oor hoe dit daar lyk was nooit duidelik nie. Ons het net min of meer geweet waar dit is."

Volgens dit wat Dippenaar en sy span aanmekaar kon flans, was die doelwit 'n stuk bos 15 km lank en 3 km breed. Binne daardie stuk bos: tussen 600 en 800 Swapo-troepe in altesaam 13 verskillende basisse. "Nou waar begin jy? En hoe lyk die pad soontoe? Daar bestaan nie eens 'n pad nie, so hoe gaan jy daar kom? Hoe gaan jy oor die grens kom? Die uitdagings was geweldig groot."

Dit het hom bekommer, maar die tydsdruk was groot, want die vensterperiode vir die aanval op Smokeshell was Mei/Junie. Hy het sy span senior leiers bymekaar gebring en begin werk.

Nog 'n kopseer vir Dippenaar was toerusting en voorraad – van voldoende voertuigradio's sodat almal doeltreffend met mekaar kon praat en wapenstelsels wat behoorlik getoets moes word tot genoeg diesel, olies en smere, batterye, bande, rantsoene en die verskillende tipes ammunisie. Kortom, alles wat 'n gemeganiseerde oorlogsmasjien laat loop.

Dan was daar die kwessie van ouens met die regte vaardighede vir elke element van meg-oorlogvoering. "Jy weet, vir meg het jy meg-infanteriste nodig, vir pantser het jy pantsermanne nodig," verduidelik hy. En natuurlik die tiffies en logistieke manne wat hierdie aanvalsmag van omtrent 160 stuks voertuie en 1 600 troepe oor haas onbegaanbare terrein tot by die doelwit en weer terug moes kry.

Die slotsom: dit sou die grootste konvensionele aanval deur Suid-Afrikaanse magte in Afrika wees sedert die Tweede Wêreldoorlog.

"Daar was geen, geen, geen bloudruk nie … As ek terugdink aan daai tyd, dan sê ek vir myself: 'Hoe ons dit reggekry het, is eintlik 'n wonderwerk.'"

Daar onder die kameeldoringbome is druk beplan en herbeplan soos antwoorde op hul navrae uit Pretoria teruggekom het. Dit het Dippenaar ook die geleentheid gegee om sy sterkste leiers te identifiseer. "Jy kon baie duidelik sien watter leiers het beheer oor sy mag, sy element, maak 'n bydrae vir die groter prentjie en het 'n begrip daarvoor … Die offisiere sowel as die onderoffisiere."

Intussen het dit al hoe moeiliker geword om die aanval geheim te hou, want dit moes ingeoefen word, die troepe moes skerp wees. Boonop het Dippenaar se langverwagte, tweede Meg-kompanie eendag oplaas met die wit sandpad aangery gekom.

"Jy weet, as daardie nuwe troepe daar in die bos losgelaat word, kan hulle dêm kwaad doen en allerhande snaakse goed aanvang. Hulle weet nie van die oorlog nie, hulle weet nie van die operasie nie. Aan die ander kant moet jy hulle ook voorberei daarvoor, anders gaan jy geen suksesse hê nie."

Want benewens sukses was die lewens van sy troepe vir Dippenaar allerbelangrik: Wat sou veilig wees vir hulle?

Paul Louw en sy troepe van Peloton 1 het dit al hoe meer in hul mae begin voel: hier is iets aan die kom. "Sowat twee maande voor die tyd het dinge tense begin raak, jy het dit agtergekom, jy wéét net," vertel hy.

Op die oefenbane in die bos so 15 km van Omuthiya af is loopgrawe voorberei "en ons het seker twee, drie keer per week deur daai drills gegaan. Die drywers moes leer om [oor] loopgrawe te spring met die Ratels en ons moes loopgraafopruiming doen tot vervelens toe. Soveel so dat ek en my troepe eendag toe daar 'n ystervark in die loopgraaf beland het, alles gelos het om hom eers te vang."

Dit was heel verstaanbaar: gebraaide ystervark sou 'n welkome afwisseling op die spyskaart wees. Maar kaptein Louis Harmse, wat kort tevore die geliefde Cassie Schoeman as Bravo se kompaniebevelvoerder vervang het, was glad nie geamuseerd nie, onthou Paul.

Benewens die opleiding was daar intensiewe voertuig- en

wapenonderhoud vir die drywers en gunners. Spaarwiele maak is harde werk en die geweerskutters van elke Ratel moes oefen om die groot, swaar wiele bo-op die voertuie te tel.

Soos dit nou maar gaan in die army het die rumours deur die eenvormige rye bruin tente begin loop. Op 31 Mei, sowat tien dae voor die beplande aanvalsdatum, het kommandant Dippenaar geweet hy kan nou maar net sowel vir almal bevestig wat hulle alreeds glo. Hy het die eenheid onder die groot afdak van die troepemenasie bymekaar geroep en hulle vertel: julle gaan op 'n operasie en dít is wat daar gaan gebeur.

"Sy aankondiging was kort en saaklik," onthou onderkorporaal Gareth Rutherford, die "skerpkant-medic" van Paul se seksie 2. Met ander woorde, 'n vegtende paramedikus – die man wat lewens op die slagveld red nog voor die helikopter-casevacs kan plaasvind.

Dippenaar se woorde is met 'n doodse stilte begroet. Toe rig hy 'n verstommende en haas ongekende uitnodiging aan sy troepe. "Ek het vir hulle gesê: 'Die ouens wat nie kans sien nie – want daar gaan ouens doodgaan – moet nou uitstaan.' Ek het vir hulle tyd gegee om 'n bietjie daaroor te besin en hulle mind op te maak."

Hy het dit gedoen omdat hy wou hê elke troep moet weet presies waarvoor hy hom inlaat, dat dit ernstige sake was, het Dippenaar later vertel. Dat elke man self kon besluit hy is gereed daarvoor en daarom sy beste sou gee en doen wat van hom verwag word. Almal moes as 'n span sáám in die ding wees, sáám veg.

"En niemand het teruggestaan nie. Almal het gesê hulle wil gaan. Dit was vir my een van die maatstawwe om sukses te kan bereik."

Daar is egter 'n stertjie hieraan, want daar was tog een wat nie wou gaan nie. Korporaal Paul Kruger was die leier van seksie 3 – een van die min "boertjies" in die kakbak-seksie waarvan Marco Caforio deel was. Volgens Paul Louw, sy pelotonbevelvoerder, het Paul na hom toe gekom en gesê hy wil nie deelneem aan die operasie nie.

"Hy het al [voor die operasie bekend geword het] gevra, want hy was 'n Springbok gimkana-ruiter en daar was 'n toernooi in Oos-Londen. Hy sou pas gekry het omdat hy die land sou verteenwoordig. Wel, op daai stadium was die sekuriteit [rondom die operasie] al in plek en daar is net vir hom gesê: 'Jy gaan jou gimkana-toernooi mis … Jy kan nie soontoe gaan nie, want dan gaan jy 'n risiko raak vir die operasie. So, dan gaan jy maar net hier op Omuthiya bly.'"

Kruger het toe verkies om saam met sy seksie te gaan eerder as om in die basis agter te bly.

Na Dippenaar se saaklik-dramatiese aankondiging het inoefening en voorbereiding vir die aanval voortgegaan. Hy het nou ook modelle van die doelwit gebruik, wat so akkuraat as moontlik op skaal gebou is volgens die inligting tot sy beskikking.

"Elke middag, die laaste twee of drie dae voor ons ingegaan het, moes elke ou wat 'n leier was kom staan en verduidelik het, op 'n klein skaalmodel, wat hy gaan doen. Sodat elkeen sien wat die ander een gaan doen, al was dit op skaalmodelle gebaseer," vertel hy.

"Dis was een van my beginsels vir die operasie. Elke ou moes presies weet wat van hom verwag word en as dit nie realiseer nie, wat is sy alternatief? Wat gaan hy doen? Die belangrikste was om die inkoop van jou leiers te kry, die besef: dit is oorlog."

En die troepe?

"Hulle het ons bloed warm gemaak, ons opgewonde gemaak," vertel Gareth. "Hulle het ons vertel van die gevaar, die lugafweer-kanonne, die landmyne. Dat ons gaan deel wees van iets baie anders en belangrik, maar ook gevaarlik."

Hy was nie bekommerd dat hy sou sterf nie – hy wou net nie hê

45

sy ma en ander mense tuis moet hulle kwel nie. "Ek sal trots wees om te sterf terwyl ek my land verdedig," het hy daardie dag in sy dagboek geskryf.

Maar meer as 42 jaar later, terwyl hy dit weer lees, lag hy vir die woorde wat hy as 18-jarige neergepen het: "Dis nou vir jou propaganda en brainwashing!"

Voor Smokeshell is hulle ingelig oor die "gruesome lugafweer-kanonne wat deur Ratels kan sny soos 'n warm lem deur botter … Ons peloton se taak was om vier van hulle buite aksie te stel."

Die gedagte daaraan het hom nie afgesit om die geleentheid vir 'n laaste feesmaal in Omuthiya aan te gryp nie: "Varktjops, rys, tee, aartappels, twee grondboontjiebotter-en-appelkooskonfyt-toe-broodjies … hulle gee ons 'n bietjie meer lyf vir die geveg wat kom."

Die oorblywende tyd het hy gevul deur weer en weer die inhoud van sy mediese sak na te gaan: naalde, drupsakkies, morfien vir pyn, verbande …

Marco, die Italianer van Orange Grove, onthou egter onheil-spellende oomblikke in daardie laaste dae voordat hulle jong lewens ingrypend en onomkeerbaar sou verander. "Ek dink dit was 7 Junie toe ons lekker gesuip geraak het in ons tente, want ons het geweet ons gaan op hierdie groot operasie. Ons het ons luitenant, Paul Louw, gevra om vir ons 'n bottel rum te organiseer, en hy het. Ons het Pink Floyd gespeel — ek is mal oor hulle — en ons het gesels oor die groot en onbekende ding wat ons op wag."

Robert de Vito het langs hom op een van die opvoustaalbeddens gesit. Nes hulle altyd, as geweerskutters 3 en 4 van hul seksie, langs mekaar op presies dieselfde plekke in die Ratel gesit het, soos hulle opgelei was om te doen. Ook te voet, tydens vuur-en-beweging en loopgraafopruiming, het hulle as 'n span gewerk. Makkers en boesemvriende.

"Rob het aan my begin stamp en gesê: 'Marco … ek weet nie of ek dit gaan maak nie.' En ek het vir hom gesê, 'Rob, waarvan praat jy?' En hy het geantwoord hy weet nie, maar dit [die operasie] gaan 'n groot stap in sy lewe wees.

"Ek het vir hom gesê hy moenie so praat nie, ons doen net waarvoor ons opgelei is, ons gaan terugkom van Smokeshell af … Al was ek ook maar 'n roof wat nie geweet het wat gaan gebeur nie. En toe vra hy: 'Belowe my een ding: jy sal altyd kontak hou met my familie.'

"En ek antwoord, 'Moenie kak praat nie, man!' Maar hy hou aan. En ek het hom toe belowe ek sou."

Marco ("Ons Italianers is maar vreemd, jy weet, ons is 'n bygelowige klomp") het op die vooraand van Smokeshell ook vreemde gedrag by ander lede van die United Nations opgemerk. "Jy weet, Andrew Madden het nooit gevloek nie, maar daardie nag het hy verander, hy het gevloek. Ek kry vandag koue rillings as ek daaraan dink."

Jan Hoevers vertel: "Ek was so half opgepsych. Jy weet, jy is eintlik half lus vir die storie, want jy het nou al so lank geoefen. En jy is nou op 'n plek waar jy weet jou opleiding is reg. Dis nie dat jy gaan eksamen skryf en jy's bang jy het nie genoeg geleer nie. Jy weet jy is reg om te gaan."

Toe die rook en vuur en bloed van Smokeshell verby was, sou die andersins pragmatiese Jan ook met 'n rilling terugdink aan die gedrag van sommige ouens daardie laaste nag in Omuthiya.

"Een van die ouens het gesê: 'Jy kan my koffie en my suiker vat, want ek gaan nie terugkom nie.' Dit was vreemd, want watse persoonlike besittings het jy nou eintlik gehad anders as jou koffie en suiker? Die res was omtrent alles die army se goed."

Die ou wat sy koffie en suiker uitgedeel het, was een van die wat dit nie sou maak nie, vertel Jan vandag. "Daar was ook 'n paar ouens wat gesê het hulle is bang, want hulle weet hulle gaan nie terugkom nie. En hulle het toe ook nie. Dit was eintlik hartseer, maar 'n mens het dit nie besef toe die ouens so praat nie. Jy dink: 'Ag, wat weet hy nou?'"

En toe, ná 'n paar ure se rustelose slaap was al die inoefening, die eindelose onderhoudwerk en obsessiewe nagaan van die kleinste besonderhede oplaas verby. Want dit was 8 Junie en na die gebruiklike skriflesing en gebed by die versamelpunt was dit tyd om te ry.

Vir die doel van die aanval op Smokeshell was Bravo Kompanie (waarvan Paul Louw se Peloton 1 deel was) die infanterie-komponent van Vegspan 2 en onder bevel van kaptein Louis Harmse.

Daar was drie verskillende vegspanne onder Dippenaar se oorhoofse beheer. Elkeen het verskillende basisse en stellings gehad om op die doelwit aan te val. Daar sou dus eintlik drie aanvalle gelyktydig plaasvind. Valskermsoldate sou met Puma-helikopters "agter" die doelwit neergelaat word om as stoppergroepe te dien en enige vlugtende Swapo's "uit te haal".

Omuthiya was gerieflik naby die goeie teerpad wat noordwes loop tot by Eenhana, waar die Angolese grens oorgesteek sou word. Die afstand was om en by 144 km. Maar die 61 Meg-veggroep – infanterie, tenkafweer, artillerie en echelon-voertuie – se wiele was nie bestem om teer te proe nie.

Dippenaar verduidelik: "Uit die basis het daar 'n grondpaadjie geloop, reg noord, en ons het almal op daai paadjie gegaan. Net van die logistieke elemente het op die teerpad gehardloop tot in Ondangwa. Die res van die mag het reguit noord gegaan tot waar hulle wes moes beweeg om by Eenhana uit te kom."

Dit was 'n langer en veel moeiliker roete. Die veggroep sou in die bos by Oshifitu moes oornag en dan die volgende oggend weswaarts draai vir die laaste skof na Eenhana. Ewenwel, die eerste "pakkie" van die lang konvooi het 10:00 die oggend vanuit Omuthiya weggetrek en die laaste eers omtrent halftwee die middag.

Maak geen fout nie: Om so 'n groot konvooi van verskillende voertuigtipes en wielsporings van een plek na 'n ander oor moeilik begaanbare terrein te skuif, is g'n jollie patrollie nie. Dit verg deeglike beplanning, bevel en beheer, en dissipline – selfs nog voor die skote begin klap.

Die pad na hul eerste halte by Oshifitu was op sigself 'n soort vuurdoop vir die dienspligdrywers. Die groot wiele van die swaargelaaide voertuie het die sandpad vermorsel. Mens en masjien is ingesluk deur 'n wolk van daardie kenmerkende Ovambolandse stof, so fyn en wit soos Johnson's babapoeier, en drywers moes konsentreer om nie in die voertuig voor hulle vas te ry nie.

Die ouens aan die stertkant van die konvooi het veral afgetjop namate die sandpad deur die wiele voor hulle opgekou is. Van die groot echelon-vragmotors, gelaai met rantsoene, ekstra ammunisie en ander voorraad het begin vasval. Ook die artillerie-battery se kanontrekkers het gesukkel.

Binne-in die staalmaag van die Ratels, waar die troepe skouer aan skouer gesit het, was dit snikkend warm. Tog het die dreunsang van die groot turbo-enjins hier en daar iemand aan die slaap gesus – net om vervaard wakker te skrik wanneer een van die groot wiele oor 'n boomwortel of deur 'n knik ry.

Tussen 15:00 en 20:00 het die voertuie pakkie vir pakkie in Oshifitu aangekom en is hulle weer vol diesel getap. Die tiffies het klein herstelwerk gedoen en echelon-troepe het, waar nodig, weer vrag reggepak. Die troepe het wapens skoongemaak, koffie gedrink, iets uit hul rantsoenpakke afgesluk, die ergste stof probeer afwas en in hul slaapsakke gekruip vir 'n koue nag in die bos.

Die volgende oggend, 9 Junie, het hulle die laaste sowat 75 km na Eenhana aangepak en teen laatmiddag was hulle daar. Hier is daar weer halt geroep om te wag vir die dekmantel van die nag.

By Eenhana het die valskermtroepe in hul wiegende, oop Buffels by hulle aangesluit – asook 'n baie spesiale waarnemer, generaal Constand Viljoen. Dié sou die operasie meemaak in Dippenaar se Ratel, roepsein Zero.

Om halfsewe het Dippenaar sy bevelsgroep bymekaar geroep. "Daar by Eenhana het ons almal op 'n duin gaan staan en weer net seker gemaak almal verstaan wat hulle moet doen."

En teen skemerdonker, omstreeks seweuur, gee hy die bevel om op te klim en te ry. Oor die grens en diep in Angola in.

Waar daar die vorige dag of twee opgewondenheid en bravade was, kon Dippenaar nou die spanning in die konvooi voel. "Daar was geen omdraaikans meer nie ... Ek dink as ek toe vir die ouens gevra het of iemand wil terugstaan, dan sou daar 'n paar gewees het, want toe het die realiteit hulle getref."

6

VUUR EN BLOED IN DIE BOS

Dippenaar se drie vegspanne is oor die grens in min of meer die volgorde waarin hulle sou afskil om hul onderskeie doelwitte op Smokeshell aan te val. Vegspan 1 en Vegspan 3 sou die noordelike dele van die doelwitkompleks slaan en Vegspan 2, met Paul se peloton ingesluit, die suide.

Maar eers sou hulle deurnag ry tot by Mulemba in Angola, waar hulle sou konsolideer vir die finale aanmars na die uitgestrekte basiskompleks naby Chifufua. Dit sou selfs rowwer wees as die eerste skof.

Daar was geen padkaarte om gerieflik te konsulteer nie, want daar was g'n pad in die gewone sin van die woord nie – net 'n dowwe sandspoor deur die bos. Kompas, kaart en die Suiderkruis was die enigste maniere om te navigeer.

Die Ratels moes letterlik 'n pad deur die bos breek. Die drywers het gou geleer watter bome klein genoeg was om oor te ry en wanneer jy liewer óm die boom moes ry. Die volgende ou het in jou wielspore gevolg (snags met sy oog op die klein, rooi navigasielig onder die stert van die Ratel voor hom, want in die vyand se agterplaas ry jy nie met hoofligte aan nie).

Die probleem is, verskillende soorte voertuie het nie dieselfde bosbreek-krag nie, of hulle wielspore is smaller of breër as die

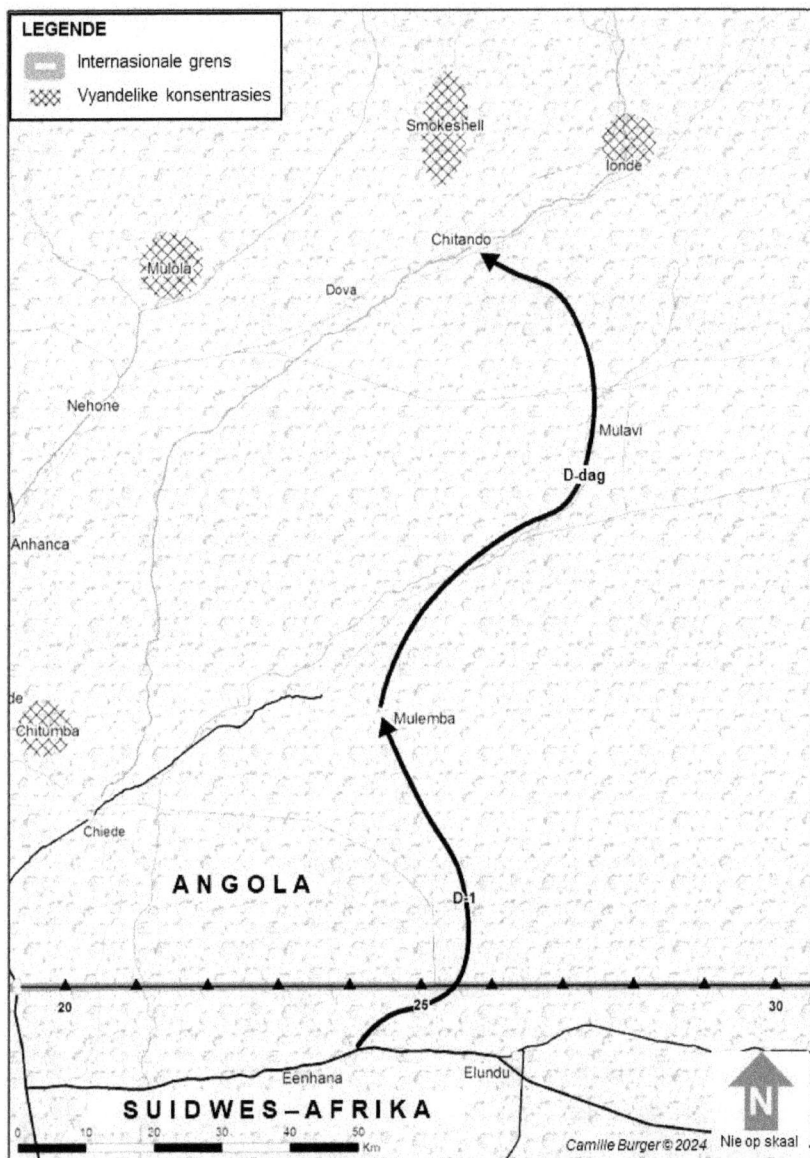

LEGENDE
Internasionale grens
Vyandelike konsentrasies

Smokeshell

Ionde

Chitando

Mulola

Dova

Nehone

Mulavi

D-dag

Anhanca

de
Chitumba

Mulemba

Chiede

ANGOLA

D-1

20   25   30

Eenhana   Elundu

SUIDWES−AFRIKA

0   10   20   30   40   50
Km

Camille Burger © 2024   Nie op skaal

N

Die aanmarsroete van Eenhana in Suidwes na Smokeshell in Angola.

ander s'n. As jy 20 km/h vermag is dit fantasties, maar soms haal jy skaars 10 km/h.

As jy ooit 'n bejaarde man ontmoet wat net sy oop handpalms op sy kar se stuurwiel plaas en nie sy vingers om die stuurwiel vou nie, dan weet jy: hy's 'n ou Rateldrywer. Want as jy die stuurwiel vasgeklem het en jou wiel tref 'n groot boomwortel kon die skok van die stuurwiel wat terugspring jou pols breek.

Vir die troepe van Paul Louw se Peloton 1 was dit, ná al die opwinding en onsekerheid van die vorige dae, 'n taamlike antiklimaks toe hulle die grens oorsteek. Jy ry oor die kaplyn, wat niks meer as 'n stofpad is nie, en dan is daar 'n stukkie doodgewone lyndraad en jy's deur. Geen vyand in sig nie.

Een rede was natuurlik dat 'n invalsmag nie van formele grensposte met doeanebeheer gebruik maak nie. Jy wil juis nié jou aankoms adverteer nie. Die ander rede was die sogenaamde Jatistrook: 'n soort niemandsland 1 km breed aan die Suidwes-kant van die grens, wat deur die formidabele 32 Bataljon en ander teeninsurgensie-eenhede gepatrolleer is, soms sommer aan albei kante van die grens.

Paul vertel: "My peloton moes vooruit ry, want ons moes Mulemba voorberei vir die choppers, dat hulle kon land vir brandstofaanvulling. So, ons het deur die nag gery tot by Mulemba, en daar 'n paar boompies uitgekap en platgery met die Ratels tot daar groot genoeg spasie was vir die choppers om te land."

Die plan was dat Puma-helikopters die valskermtroepe, wat tot by Mulemba in Buffels sou ry, oppik en onder die beskerming van Alouette-gunships – kleiner, beweegliker helikopters bewapen met 20 mm-snelvuurkanonne – agter die doelwit sou afgooi. Die avtur, oftewel helikopterbrandstof vir die aanvulling op Mulemba, sou ook "padlangs" saam met die konvooi aankom.

Terwyl die res van die aanvalsmag nog tot voordag aangekom het, het Paul se peloton 'n paar kosbare ure se rus probeer inkry. Maar die gevoel van naderende onheil het Marco Caforio steeds agtervolg. Sy buddie Robert was op wagdiens by die Ratels en Marco wou hom aflos. Maar hy het geantwoord: "Nee, Marco, slaap jy maar, ek wil rook en na die sterre kyk."

Rob was nie 'n roker nie, vertel Marco soveel jare later. "Die legkaart was besig om te verander, ek kon sien hoe dit verander … Ouens wat nooit gerook het nie, het daardie nag gerook en anders opgetree. Iets was op die punt om te gebeur."

Pakkie vir pakkie het die res van die veggroep aangekom. Met een groot uitsondering: die brandstof vir die helikopters het weens een of ander bokkerop nie saam met die res van die konvooi by Mulemba opgedaag nie. Gevolglik het die lugmag botweg geweier dat hul Pumas, oftewel die parabats se lugtaxi's, sonder die beskerming van die gunships vlieg. Dippenaar en die parabat-bevelvoerder was de moer in toe hulle die nuus kry, maar van daai drama wis Paul-hulle niks.

Toe was dit tyd om op te start vir die laaste skof en aanval op Smokeshell, want die datum was 10 Junie, D-dag. Vir elke man was daar 'n laaste motiveringsgebaar van Dippenaar: 'n spesiaal gedrukte kaart met die rooi 61 Meg weerligstraal-kenteken, asook 'n vers uit 2 Timoteus 2: "As for you, my son, be strong through the grace that is ours in union with Christ Jesus."

En in vet swart letters: **"Now is the time!!"**

Dippenaar se volledige vertelling van die uitdagings van daardie finale aanvalsaanmars – en ook die uitmergelende gevegte wat daarop gevolg het – is deeglik gedokumenteer in onder meer *Mobility Conquers: The Story of 61 Mechanised Battalion Group 1978-2005*, deur Willem Steenkamp en Helmoed-Römer

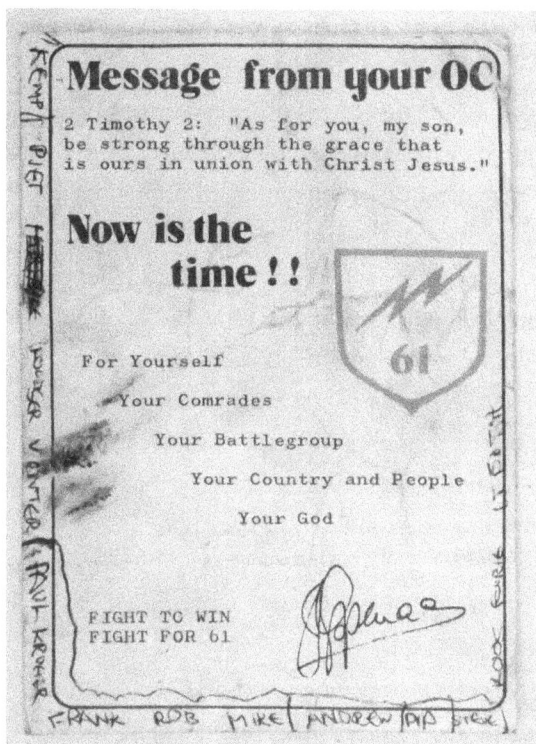

Die motiveringskaart wat Dippenaar uitgedeel het. Gareth
Rutherford het die gesneuweldes se name op syne geskryf.

Heitman (in opdrag van 61 Meg se veteranevereniging).

In hierdie stadium moet een ding vermeld word: tydens Operasie
Reindeer in 1978 kon Frank Bestbier sy hele Meg-veggroep met die
oog dophou terwyl die aanval gebeur. Daardie luukse sou Dippenaar
nie beskore wees nie. Eerstens was sy mag in drie vegspanne verdeel
wat verskillende doelwitte oor 'n uitgestrekte gebied sou aanval, en
tweedens was die bos by Smokeshell baie digter.

Uit sy Ratel met die roepsein Zero was Dippenaar se allerbelang-
rike rol dié van oorhoofse bevel en beheer. Om sy beskikbare magte

te herontplooi soos die situasie in real time vereis en om kalmte te bring 'n wêreld van chaos en adrenaliengevulde radiostemme. Sy oë kon egter nie sien tot waar die kanonvuur deur Peloton 1 se Ratels sou skeur nie, vertel hy 'n bietjie meer as vier dekades later op 'n sonnige dag in sy woonkamer in Pretoria.

"Die belewenis van die ouens wat daar was kan net hulle vertel. Ek kan bloot praat oor dit wat my aangaan. Ek het net gehoor van die skietery. Jy kon die rook sien en uit die rookbolle kon ek duidelik verstaan dis nie 'n boom nie, dis 'n voertuig wat brand. Dit het 'n ou tot die besef gebring dit is nou ernstige sake. Wat kan jy doen? Jy moet net beheer behou van die mag en dit was my taak."

'n Paar manne van Peloton 1, Bravo Kompanie, vertel dus nou self van hoe hul geveg verloop het daar waar Dippenaar se oog nie kon sien nie.

PAUL LOUW, RATEL 21

Twee recces, oftewel operateurs van die verkenningskommando, het die roete deur die bos met witgoud (toiletpapier) en merke teen die boomstamme vir hulle aangedui.

"So ons het die hele tyd geweet waarnatoe ons moes gaan, ons moes noord ry. Dit was basies baie naby aan 'n reguit lyn. Ongelukkig was daar baie bundu bashing – bome platry, 'n nuwe pad maak."

Maar jy kan nie jou pad deur die bos breek sonder dat blare en takkies oral wil inkom en dinge bedonner nie, soos by die 20 mm-snelvuurkanon, die hoofwapen van jou Ratel. "Ek wil amper sê meer as die helfte van die Ratels se 20-mils het nie gefunksioneer nie en ek dink nie een van my peloton se 20-mils nie," vertel Paul.

Hulle het bly aanstoot, want hulle moes teen tweeuur die middag op die aanvalspunt wees. 'n Bosbok-verkenningsvliegtuig van die lugmag het bo hulle gevlieg om die rigting na die doelwit in die onbekende bos aan te dui. "Maar op 'n kol het Swapo op die Bosbok begin skiet, soveel so dat hy nie meer vir ons leiding kon gee nie."

Die uitleg van die doelwit en die aanvalsplan was egter in Paul se geheue ingeprent, danksy die voorleggings met skaalmodelle wat Dippenaar hom en sy seksieleiers tot vervelens toe laat doen het. "Ons het naastenby geweet waar die doelwit is. Ons het net oor 'n noord-suid pad gery en daar was ons opstelpunt gewees. Ons aanvalsas was van daar af van oos na wes. So, ek het aangeneem as ons nou hier in 'n westelike rigting ry, gaan ons basies op die doelwit afkom."

Sy toegewysde doelwit was nommer 11 van die 13 op Smokeshell, "'n soort transportpark waar al Swapo se troepedraers of wat ook al was, en drie lugafweerstellings. My taak was: vernietig die vyand, vernietig die voertuie, skiet alles uitmekaar en veg deur die doelwit, herorganiseer en wag vir verdere bevele."

Maar die lugfoto's het nie 'n akkurate prentjie voorgestel nie. Of Swapo het intussen die klomp klein basisse en verdedigingstellings van Smokeshell herorganiseer – dalk in reaksie op 'n Suid-Afrikaanse lugaanval wat dae tevore sonder Dippenaar se wete uitgevoer is. (Nodeloos om te sê was hy hoogs de hel in daaroor.)

Hoe dit ook al sy, op die doelwit was dinge nie soos die inligting wat aan Dippenaar deurgegee is nie. Die loopgraaf- en bunkerstelsels was beter en dieper gegrawe as wat hy wysgemaak is en die gevreesde ZU-23-2-lugafweerkanonne was beter beskerm. En die aanname dat die vyand min weerstand sou bied, was ook alles behalwe akkuraat.

Peloton 1 was op die punt om 'n aaklige verrassing te kry.

Weens 'n ander verwikkeling wat niks met die vyand uit te

LEGENDE

- ⌇ Sandpad
- ⬡ 9 Vyandelike kompleks
- · Posisies van lugafweergeskut

1

Na Ionde

Na Ionde

2

3

5

4

6 · 7 ← Vegspan 3 sny vyandelike magte af wat noordwaarts terugtrek

Vegspan 1 val die Swapo-hoofkwartier en aangrensende stellings aan

8

9

10

11

12

Dippenaar se hoofkwartiergroep

Artillerie gee steunvuur

13

Vegspan 2 (met Paul Louw se Peleton 1 voor) val teiken 11 en nabygeleë adminstratiewe komplekse aan

Na Mulemba

N

Nie op skaal

Camille Burger © 2024

Die aanvalsplan vir Smokeshell. Vegspan 2, (Paul Louw se Peleton 1 aan die spits) heel suid.

waai gehad het nie, sou Paul se leierskap nog verder beproef word. Die versnellerkabel van kaptein Louis Harmse, sy kompanie-bevelvoerder, se Ratel het vroeg in die aanmars na die doelwit gebreek. Harmse het toe sy tweede-in-bevel, luitenant Hannes du Toit, se Ratel opgekommandeer. Die gefrustreerde Hannes moes by die stukkende Ratel agterbly en sien hoe sy eie voertuig, met Harmse in die toring, agter die res van Bravo Kompanie aanjaag. Meer daaroor later …

Vir Paul was die direkte gevolg dat hy as junior en onbeproefde offisier al die besluite in die hitte van die geveg sou moes neem – sonder die leiding van sy meer ervare kompaniebevelvoerder.

"Ons het toe op die afmarspunt gekom," vertel Paul, "en op 'n kol kom die bevel vir ons oor die radio van kommandant Dippenaar: 'Laat waai!' Toe begin ons beweeg in wat ons gedink het die regte rigting is."

In uitgespreide linie het hulle deur die bos gebeur, nooit verder as 50 m uitmekaar nie sodat een Ratel die volgende kan sien. "En ons het aanhou beweeg en beweeg met hierdie roete … Ons het sporadiese kleingeweervuur begin trek, daar was klein skermutselings … Maar niks groot nie."

Van die gewaande Swapo-voertuigpark en die kanonne wat dit sou beskerm was daar geen teken nie. Meestal net leë loopgrawe en hier en daar kamma-lugafweerstellings, geprakseer uit boomstompe en seile, om die Suid-Afrikaanse lugmag te flous.

Hy het die lang ure se staan in die toring van die Ratel, wat soos 'n skip op 'n stormsee wieg en skud terwyl dit deur die bos breek, in sy bene begin voel. Of dalk het sy adrenalienvlakke vir 'n oomblik gedaal toe daar nie heftige weerstand was nie.

"Op 'n kol het ek afgesak in die toring en so 'n rukkie net gesit en asemhaal. En toe wragtig, toe tref 'n AK-47-rondte of 'n ding my sigblok … Ek het nog vir my seksieleiers gesê as daai sigblok nie daar was nie dan het hulle my tussen die oë geskiet."

Steeds was daar heeltemal te min vyand en weerstand terwyl hulle van oos na wes deur die "doelwit" beweeg. "Toe ry ons oor 'n dowwe sandspoor en daar's 'n rivierloop voor, en ek besef ons het die doelwit gemis, ons is nou te ver, want volgens die kaart was die rivier aan die verste kant van ons doelwit."

In hierdie stadium het hy geen radiokommunikasie met Harmse gehad nie, want dié het in 'n vuurwarm lokval ingery en in die drama het die drywer van die "geleende" Ratel in 'n boom vasgejaag en 'n wielas gebuig. Harmse het toe nóg 'n Ratel opgekommandeer om by sy pelotons te probeer bly, maar dié se voertuigradio moes eers heringestel word om met Paul s'n te kommunikeer.

Toe besluit Paul om die doelwit te gaan soek en gee die bevel vir die Ratels om noordwaarts in die rivierloop op te ry. Maar hulle het skaars 500 m gery toe hy regs kyk en die rookbolle sien wat die Swapo-lugafweerkanonne maak wanneer hulle vuur.

Die rookbolle bo die bos was sowat 'n kilometer oos van sy posisie in die middel van die rivierloop, het hy geskat. Peloton 1 het nie die doelwit gemis nie, die doelwit was eenvoudig nie waar die lugfoto's gesê het dit sou wees nie.

Dit was nie die enigste inligting wat verkeerd was nie. Swapo se magte was baie meer gekonsentreer en verskans as wat hulle verwag het. Paul se "nuwe" doelwit 11 was g'n transportpark nie, dit was 'n harde vesting en van suksesvolle sagmaak-pogings met 'n lugaanval en artillerie was daar geen sprake nie.

Daarvan wis Paul, met sy peloton aan die spits van Vegspan 2 – nog niks.

"Toe gee ek my seksieleiers die bevel om uit te stap [dus, almal behalwe die gunners en drywers verlaat hul Ratels om te voet op

te stel en verder te beweeg] en dan kyk ons wat verder gebeur."
Maar hy het feitlik oombliklik van plan verander. "Toe sê ek
nee, kom ons vergeet dit eers. Kom ons ry teen die wal van die
rivierloop uit en dan kan ons verder planne maak."

Baie jare later sou hy steeds met homself worstel oor daardie
jong pelotonbevelvoerder se besluit om nie tog eers verkenning te
voet te laat doen of sy 60 mm-mortierseksie spekulatiewe vuur te
laat skiet om te kyk watter vyandelike reaksie dit uitlok nie. Tog
glo ander wat ook daar was dat hy veels te hard op homself is.

Die rivier se wal was redelik steil en Paul het vir sy seksieleiers
in elke Ratel (wat dan sy bevele na die drywer, gunner of geweer-
skutters herlei het) gesê hulle moet vet gee om daaroor te kom,
hulle moet charge. En hulle hét – weereens in uitgespreide linie
soos die gevegsdrills voorskryf. Ratel 21C (seksie 3, Charlie) heel
links met 21A (seksie 1, Alpha) aan sy regterkant, dan Paul se
Ratel 21, en heel regs 21B (seksie 2, Bravo).

Toe die Ratels bo-oor die rivierwal kom het hulle seker teen so
omtrent 50 km/h beweeg, reken Paul.

En toe ry hulle reg in die poorte van die hel in.

Swapo se ZU-23-2-kanonne was verwoestend by Smokeshell en
ook in ander konflikte regoor die wêreld.

Eerstens is hierdie Russies vervaardigde kanonne lig en robuust
genoeg om oor ruwe terrein gesleep te word. Waar die Russiese
eweknie van 'n Ratel kon gaan, kon hierdie kanon gaan. Dit was
boonop vinnig en maklik om te ontplooi. Dit het twee lope, word
gevoer met ammunisiebande van 50 rondtes elk in metaalhouers
en het 'n geweldige vuurtempo.

Maar dis die veelsydige aanwending daarvan wat dit so dodelik
gemaak het. In 'n lugafweerrol wys die ZU-23-2-kanon se lope

hemelwaarts, maar dit kon vinnig laat sak word om selfs op kort afstande na grondteikens te skiet. Die pantservel van 'n Ratel was eenvoudig nie dik genoeg om die dood uit te hou nie.

Op die oorkantste oewer het een van Swapo se ingegrawe 23-mils vir Paul-hulle gewag. Boonop was 14,5 mm-masjiengewere – drie van hulle – in 'n driehoek om hul "ouboet" ontplooi. Die 14,5's kon ook deur Ratels se pantser skiet. En rondom hierdie vuurstellings was voetsoldate in loopgrawe en bunkers.

Peloton 1 het reg in die middel van hierdie byenes beland.

Vir 'n lang oomblik was dit asof die tyd stilstaan. Die Swapo-voetsoldate en gunners – "daar was honderde van hulle en ons was net 44" – was net so verras soos die Suid-Afrikaners, onthou Paul.

Party se eerste instink was om weg te hardloop, maar gou het die kleingeweervuur soos 'n veldbrand om die Ratels begin knetter. Die dodelike stemme van die 23-mil en 14,5's was egter vir eers stil. "Hulle was duidelik opgestel om 'n aanval van die westekant af te slaan, maar toe kom ons mos nou van die oostekant af …"

Van "uitstap" en te voet veg, die vuur-en-beweging wat hulle in hul slaap kon doen, was daar in daardie chaos nie sprake nie. Hulle was in die hart van die doelwit en nou moes hulle deur. Die troepe het deur die skietpoorte in die romp van die Ratels met hul R1-gewere losgebrand en handgranate deur die luike bo hul koppe gegooi.

Vanuit sy drywerkompartement het HP Ferrreira geskreeu daar's 'n skerpskutter in 'n boom, toe swaai hy sommer self uit en stamp die boom met skerpskutter en al om.

"Ek het dit nie toe besef nie, maar my Alpha-kar (Ratel 21A) was die eerste een wat raakgeskiet is," vertel Paul. "Daar is met 'n RPG deur die voorruit geskiet en toe het Kempie, die drywer, splinters in sy gesig gekry en in sy oë. Hy was, ek wil amper sê, oombliklik blind en daar het heel waarskynlik van die glas en goed in sy brein ingegaan."

RPG 7-vuurpyllanseerders was 'n nagmerrie vir meg-soldate: dit is lig genoeg om deur een man, ongesiens vanonder 'n bos of vanuit 'n loopgraaf, afgevuur te word. Dit is eenvoudig om te gebruik en dodelik vir die Ratel en sy insittendes.

"Kempie" was Gertjie Kemp, wat op daardie laaste pas voor hulle terug is Grens toe saam met HP Ferreira by dié se ouers op Theunissen gekuier het. En toe, "ons was sowat 100 m van hulle af", begin die vyand se groot honde saam te blaf. Daarna gebeur alles tegelyk en elke Ratel is vasgevang in sy eie, klein wêreld van vuur en bloed.

GARETH RUTHERFORD EN JAN HOEVERS, RATEL 21B (SEKSIE 2/BRAVO)

Wanneer Gareth vandag oor daardie dag praat, lees hy uit die dagboek wat hy op die destydse Suiderkruisfonds-skryfpapier neergepen het en wat sy ma later noukeurig sou oortik. So asof hy nie andersins kan glo dit het werklik met hom gebeur nie.

"Dit was asof die bos en grond woede uitstraal. Die bos het al hoe ruier geword ... toe draai ons regs in 'n linie en iemand skree 'daar's een' en die 20-mil en Browning begin skiet." (Die Browning 7,62-masjiengeweer was langs die 20-mil in 'n Ratel se gevegtoring gemonteer en was die voertuig se sekondêre wapen.)

"Buite ons sigblokke doem honderde terrs op soos ons ry, ons hoor die AK-47-rondtes die romp tref."

Jan Hoevers, wat agter die stuur van 21B was, het op sy horlosie gekyk toe die eerste skoot klap. "Dit was drie minute oor twaalf. Toe kom die bevel oor die radio ons moet staak vuur, toe dog ek nou hoekom moet ons stop met die vuur, want hier is die Swapo's. En toe sê hulle weer: 'Nee dis reg, julle kan maar skiet.'"

'n Bladsy uit Gareth Rutherford se oorspronklike oorlogsdagboek in sy eie handskrif.

Gou was die Ratel vol kruitrook en die harde geluid van geweerskote. Rooiwarm doppies wat deur die R1's uitgewerp is, het in die beknopte ruimte rondgevlieg.

"Ek het my eerste een geskiet ... sy hoed het afgevlieg en hy het teruggesteier, my geheue het 'n foto van sy gesig geneem ... 'n Waansin het ons beetgepak."

Soos outomate het hulle die een na die ander M26-handgranaat na die loopgrawe gegooi wat verby die Ratel flits.

Deur die pantserglas aan drie kante van sy drywerskompartement het Jan 'n vyandelike soldaat voor hom sien hardloop met 'n RPG-lanseerder. "Ek weet toe mos nou dis 'n gevaarlike ding. As ek verby hom ry, gaan hy ons uithaal. Ek het geweet ek kan hom nie mis nie. Hy het nog so 'n laaste keer met net sulke helse pieringoë omgekyk en toe struikel hy oor 'n bossie en toe's ek bo-oor hom.

"Ek het nog vir hierdie outjie langs my, ou Willem – hy was my co-driver – geskree ek gaan hom trap. En jy weet, daar was so 'n groot opgewondenheid ... Ek het nooit geweet ek gaan so opgewonde raak om 'n ou te kan doodry nie. Dis net adrenalien."

Later sou Jan hoor hy het nog een doodgery. "Maar ek weet nie van hom nie, hulle sê hy was in 'n bossie gewees."

Die kaarte het reg geval vir hom, maar nie vir die Ratel langs hom nie ...

"Ek sien ou Gert Kemp, my beste vriend in 21 Alpha, is aan die verkeerde kant van my, so toe ry ek nou eintlik in sy plek en hy ry in myne ... En toe skiet hulle hom eerste, deur sy voorruit, daar waar ek seker maar moes gery het."

Vlak agter Jan se drywersitplek, in die troepekompartement van die Ratel, het Gareth en die ander geweerskutters nog oomblikke tevore gelag vir een van sy buddies wat in 'n adrenaliengevulde oomblik twee handgranate by die luik uitgegooi het sonder om die pennetjies uit te trek. "Hoekom gaan die bleddie goed nie af nie?" wou die ou nog weet.

En toe voel Gareth hoe die Ratel draai en hy besef hulle is net

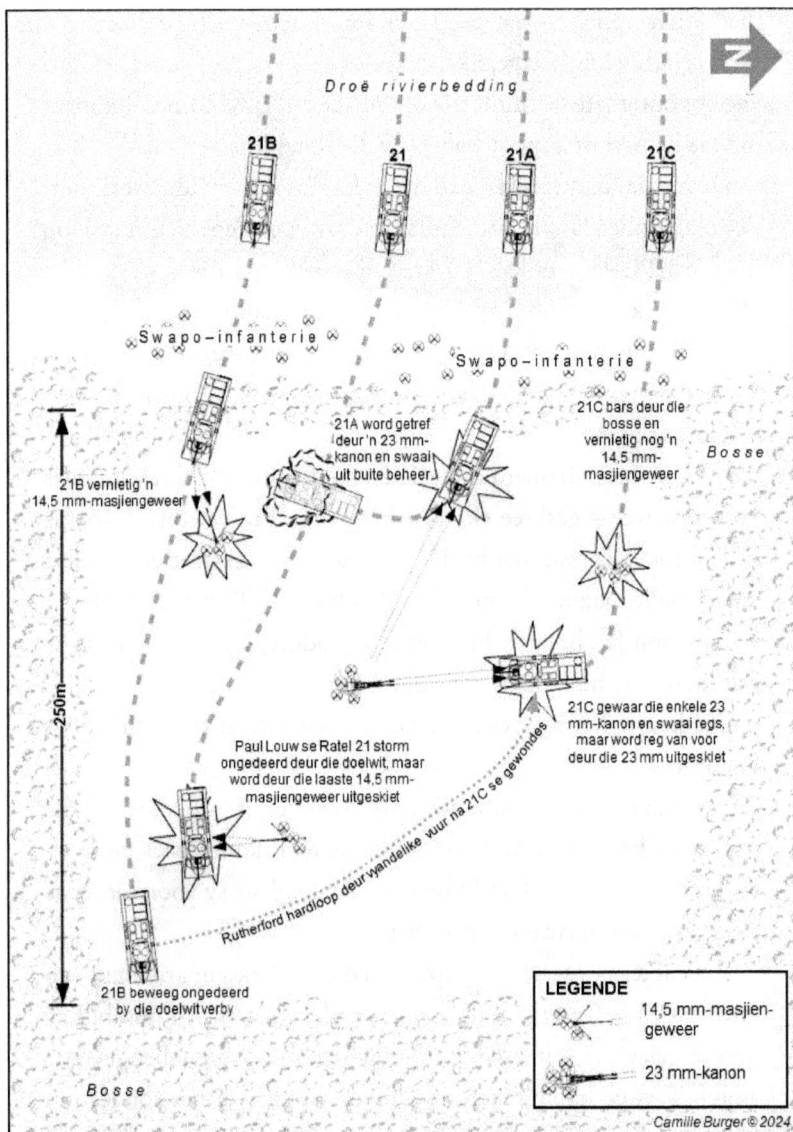

Droë rivierbedding

21B   **21**   **21A**   **21C**

Swapo–infanterie

Swapo–infanterie

21C bars deur die bosse en vernietig nog 'n 14,5 mm-masjiengeweer

Bosse

21A word getref deur 'n 23 mm-kanon en swaai uit buite beheer.

21B vernietig 'n 14,5 mm-masjiengeweer

250m

21C gewaar die enkele 23 mm-kanon en swaai regs, maar word reg van voor deur die 23 mm uitgeskiet

Paul Louw se Ratel 21 storm ongedeerd deur die doelwit, maar word deur die laaste 14,5 mm-masjiengeweer uitgeskiet

Rutherford hardloop deur vyandelike vuur na 21C se gewondes

21B beweeg ongedeerd by die doelwit verby

LEGENDE

14,5 mm-masjien-geweer

23 mm-kanon

Bosse

Camille Burger © 2024

So is die drie Ratels van Peloton 1 deur Swapo se 14,5 mm-masjiengewere en 23 mm-lugafweerkanon uitgeskiet op die doelwit.

66

links van die teiken verby. "Ons het by die luike uitgestaan en toe hoor ons dit … oorverdowende outomatiese vuur. Iets groot het geskiet en dit was nie ons s'n nie. Jy besef dis tickets as dit jou tref, almal was doodbang."

Die bevel het gekom om uit te stap. "Ons wou nie, maar die deure het oopgeswaai en ons het dit toe volgens die boek gedoen, soos ons geleer is. Die Ratel het reverse en Vos, ons gunner, het oorhoofse dekkingvuur gegee terwyl ons weg van die Ratel af gehardloop het, na veiligheid toe."

Hy het vir 'n vlietende oomblik gewonder waarom die ander seksies nie ook uitstap nie – wou hulle dalk nie?

Maar die ander seksies was minder gelukkig. Want kort nadat Jan gesien het hoe sy vriend Gert Kemp se 21A getref word, is Paul se Ratel 21 ook getref.

En die oorblywende Ratel – Marco Caforio en sy United Nations-buddies se 21C; Paul se "laid back Engelse en Italianers" – sou die hoogste bloedprys van Smokeshell betaal.

MARCO CAFORIO, RATEL 21C (SEKSIE 3/CHARLIE)

Daardie gevoel van onheil kon hy nooit afskud nie. Praat hy oor 10 Junie sal Marco jou altyd weer vertel. "Ons Italianers is maar snaaks, ons is bygelowig." En hy glo steeds hy het daardie dag 'n spesiale beskermengel gehad.

Albei sy Italiaanse oupas was in die Tweede Wêreldoorlog. Sy oupa aan sy pa se kant was 'n valskermsoldaat en sy oupa aan sy ma se kant was 'n marinier in die elite San Marco Bataljon. Laasgenoemde het in 1956 saam met Marco se ouers na Suid-Afrika gekom.

"Toe ek Grens toe moes gaan, het my oupa, wanneer die name van die Bosoorlog-gesneuweldes saans op televisie aangekondig is, altyd gesê: "God moet eerder vir my wegvat as my kleinseun … Op

8 Junie, die dag toe ons Angola toe ry vir Smokeshell, is my oupa aan 'n hartaanval oorlede. Dis waar daai bygeloof vandaan kom."

Pink Floyd se "Another brick in the wall" het in die Ratel gespeel toe hulle die oggend van die aanval uit Mulemba vertrek. Maar sommer gou op daardie laaste skof na die doelwit het die eerste gatslag gekom. "Ek weet nie wat ons getref het nie, maar die agterste as (Ratels het drie) het gebreek. Ons moes stilhou terwyl die res van die peloton aanbeweeg."

Die echelon-voertuie het toe uit die stof verskyn en daar is besluit dat Marco en sy seksie 'n ander Ratel (roepsein 9 Golf, wat toe effektief 21C geword het) sou oorneem.

Marco het sy makkers aangepor om die ekstra geweermagasyne, handgranate en ander ammunisie vinnig na die nuwe Ratel oor te dra sodat hulle die res van die peloton kon inhaal. Die geskarrel het hom net meer onrustig laat voel. "Ek het nog vir Rob [de Vito] gesê iets is nie reg nie."

Hulle was agter, maar het steeds die aanmarslyn gevolg wat Dippenaar op Omuthiya tot op seksieleiersvlak in almal se koppe ingedril het. Toe hulle kom waar hulle doelwit veronderstel was om te wees, het hulle loopgrawe gesien en uitgestap, "maar daar was niks, hulle was leeg … en ons het ook geen tekens gesien dat dit deur die lugaanval getref is nie. Daar was geen rook nie en geen geluid of beweging in die bos nie."

Hulle het gegryp wat hulle kon en is toe weer vort. "Maar ek dink almal in die Ratel het net daar verander, die vibe was net anders, almal was stil."

Toe hulle terugklim in die Ratel hoor hy die 23-mils praat – waarskynlik nes Paul êrens voor hulle. En hulle ry in die ander karre se spore, en net so ook tussen die loopgrawe vol Swapo's in.

"Ons het oor 'n soort wal gekom, in 'n ou mielieland in, en toe is hulle oral, maar net so verbaas soos ons. Party van hulle was besig met middagete, hulle het kosblikke met kos net so op die rand van die loopgrawe gelos.

"Ek begin skiet en iemand sê: 'Moenie skiet nie, wag vir die bevel.' En ek dog watse bevel, hulle is dan nou hier en almal in die Ratel hou aan skiet."

Hy het begin bewe, vertel Marco vandag, toe hy besef dis nou die "real thing". Hy en Rob, soos altyd reg langs hom, het om die beurt geskiet en granate gegooi, geskiet en granate gegooi.

(In die troepekompartement van 'n Ratel is daar aan elke kant van die romp 'n ry klein, reghoekige sigblokke van pantserglas waardeur die geweerskutters kan sien en reg onder die sigblok 'n skietgat waardeur jy van binne 'n geweerloop kan steek. Maar om 'n granaat te gooi moet jy die luik bo jou sitplek oopmaak en met jou bolyf buite staan – blootgestel aan die vyandelike koeëls en skrapnel wat deur die lug vlieg.)

Martin French se granaat het blykbaar 'n klomp vyandelike ammunisie ontsteek, "want ons het net die grond voel beweeg en WHOOF! WHOOF! WHOOF! gehoor en Martin het nog vir my geglimlag en uitgeroep: 'Hey, Marco!'"

Die volgende oomblik voel Marco die Ratel draai en sien hy weer die mielieland waar hulle pas verby is. Toe die 23-mil se duiwelse skreestem. "Dis soos daai scene in *Saving Private Ryan*: iets verskriklik gebeur, maar jy hoor niks, dis asof jy doof is.

"Terwyl ek so staan, sien ek hoe die bloed uit Steve Cronjé se mond en ore kom en hy probeer die hidroliese deur bereik maar hy val net dood neer en ek dink: 'Fok, wat gaan aan, is dit regtig besig om te gebeur?' Jou brein wil dit nie process nie."

Maar die ondenkbare wás besig om te gebeur. "Groen strepe [ligspoorkoeëls] en vonke, asof iemand sweis, kom deur die Ratel.

'n Gat in die romp van die Ratel waarin Marco Caforio gewond en sewe van sy makkers dood is.

'n Verwese troep op die Ratel waarin sewe lede van Charlie-seksie oorlede is.

Ek sien hoe Pip [Peter Warrener] uit die toring kom, maar sy been is moer toe, en ek dink weer: 'Wat de hel sien ek?' En obviously sien almal dit maar niemand sê iets nie. Jy sit daar en dis asof jy van buite jou lyf neerkyk op jouself en wag om getref te word."

Hy het aan Rob begin stamp en geskreeu: "Kom, spring uit, hulle skiet ons!"

Maar in sy skoktoestand het Marco nie besef dat hy self reeds gewond was nie ... Hy sou later uitvind daar het ook 'n handgranaat binne die Ratel afgegaan. "Ek het 'n gat in my heup en been van daardie ontploffing gekry.

"En ek weet nie hoe nie, maar nou ja, ons was fiks ... Ek is los deur daai luik bo my kop en uit by die Ratel. Ek het op my rug op die grond geland en net my been voel brand, ek kon voel hoe die skrapnel in my lyf beweeg en my sny elke keer as ek beweeg, hoe ek bloei. Dit was flippen seer, maar die adrenalien het gehelp en ek wou Rob gaan vind om vir hom te sê ek is getref."

Rob was egter nie meer in staat om hom te hoor of te help nie. Hy en ses ander binne Ratel 21C was reeds dood of sterwend.

PAUL LOUW

Teen hierdie tyd was die "vier-op formasie" (uitgespreide linie) van Peloton 1 se karre nie meer so teksboek nie.

Paul was bewus dat 21A getref word toe hy dwars draai voor 21B verby en sien dat 21C aan die kant van die doelwit verby is en omgedraai het om weer deur te gaan. "Maar toe swaai hy reg in die rigting van die 23-mil en daai kanon skiet hom 'n sarsie van voor af."

Sekondes daarna was Paul se Ratel 21 in die spervuur. "Ons het by 'n 14,5-lugafweerstelling verby beweeg, so aan my linkerkant. Ons was amper verby, toe skiet hy 'n sarsie van die kant af ... Sewe skote deur die Ratel, agter deur my sitplek en ook deur die radio's."

Paul was bloot gelukkig dat hy nie deur daardie sarsie getref is nie. "Maar al die ammunisie wat in die bin was, in die deur, is getref … dit het dadelik begin ontplof."

Steve Loubser, die seiner, is oombliklik gedood waar hy (so sê sommiges) op die afslaanstoeltjie by die Ratel se deur gesit het. Die Ratel het so wild begin brand dat bykans die hele veggroep die swart rook bo die bos sou sien.

"Ek het net vir my ouens gesê hulle moet uitspring en in die Swapo's se loopgrawe in, en daar rondom verdedig," vertel Paul.

Dat hy self lelike brandwonde opgedoen het – onder andere toe hy sy R1-geweer uit die rak probeer haal het – wis hy toe nog nie. In die drywerskompartement het HP Ferreira albei die hidroliese sydeure oopgemaak. Omdat die verwoestende sarsie 14,5 mm-vuur van die linkerkant gekom het, spring die meeste toe aan die regterkant uit, "maar met die uitspringery is drie outjies doodgeskiet".

Tog het iemand in daardie oomblik – "ek het geen idee wie nie, iemand sal my nog moet sê" – 'n handgranaat na die lugafweer-stelling gegooi. "Dit het toe die lugafweerstelling uitgehaal en aan die brand gesteek, want toe ons later opruim was die lyke daar. Iets moes ontplof het," verduidelik Paul.

Hy was bewus daarvan dat die Ratels aan albei kante van hom uitgeskiet is, maar dat een kar klaarblyklik nog ongeskonde was. "Ek het besef seksie 2 het heel waarskynlik aan die kant van die doelwit verbygery. Ek kon hulle nie sien nie; hulle was agter die bosse, maar ek het niks gehoor van hulle kant af nie. So, ek het vermoed hulle het nie kontak gemaak nie.

"Toe sê ek vir die ouens: 'Lê hierso, verdedig julleself, ek gaan kyk waar is seksie 2.' Maar toe ek opkyk … ek sal dit nooit vergeet nie … toe ek opkyk na my Ratel, toe klim Vaatjie, my mortieris, uit en hulle skiet hom in die kop dat ek net bloed sien spat. Ek dog hy's dood, maar hy is toe ook uit en in die loopgraaf in. Ek sê vandag nog vir my ouens, dis sulke gesigte wat in mens se geheue ingebrand is."

En hy begin deur die bos en koeëls hardloop in die rigting waar hy dink sy seksie 2 is.

HP FERREIRA, RATEL 21

Ja, hy was bang. "Ek het voor gery en ons moes links afdraai en jy weet nie wat aangaan nie. Ek het nog nooit 'n lyk gesien nie, nog nooit in my lewe nie. Ek het diere geskiet, maar ek het nog nooit 'n geweer op iemand gerig nie.

"Maar so ja, ons ry en Paul het nog vir my gesê dis nie meer so ver nie – ek kan nie onthou of dit 300 of 400 meter was nie – en dan behoort ons vuur te trek. Ek kyk nog so, toe hoor ek tang-tang-tang hier teen die Ratel. Maar dit was kleingeweervuur en ons het deur die basis gegaan en anderkant gedraai … En ewe skielik begin die skote regtig hard klap en toe is dit lelik. Dit was die lugafweerkanonne."

Tog het hy steeds veilig gevoel daar heel voor in die Ratel, "want ek het gedink hierdie ding is gebou om jou veilig te hou. Sy voorplaat is ook met angles gebou om geweervuur af te weer, as jy 'n bietjie skuins teen hom skiet gaan hy hom wegdruk. Maar ek het nooit geweet 'n 14,5 en 'n 23-mil sal deur daai staal gaan soos 'n mes deur botter nie.

"Ons het gery en Paul het vir my gesê: 'HP, dié kant toe, daai kant toe!' Die warm patroondoppe het teen my rug vasgeslaan, want ons Browning se dopsak was vol en die gunner was te besig om te skiet om die dopsak te vervang."

In die chaos van die geveg het HP aanvanklik nie geweet 'n sarsie kom van die kant en agter die drywerskompartement van 21 nie. "Ewe skielik besef ek die Ratel brand en Paul skree vir my ek moet stop. En toe ons stop, maak ek gelukkig die deure oop."

Soos verskeie ander lede van Peloton 1 onthou hy nie meer presies wat gebeur het nie. "Dit sny uit. Ek onthou ou Loubsertjie – hy het op daai afslaanbankie by die deur gesit – ek weet nie of hy gewond of dood was nie, maar toe stoot ek hom uit."

HP het bo by die toring probeer uitgaan, maar die luik was toe en hy het weer afgesak en by die drywerskompartement uitgegaan na die sydeur. "Ek het nie 'n geweer by my gehad of niks nie. Ek kan onthou ons het in dekking ingegaan, ek sien Paul wys iets en ek besluit toe ek gaan ook."

Toe slaan die noodlot hom soos 'n weerligstraal. "Toe ek opstaan en begin hardloop toe sien ek die 14,5-mil en hoe daai ou vir my kyk en daai ding op my rig. Die volgende oomblik lê ek op die grond."

Diegene wat dit sien gebeur het, sou later vertel hoe die bloed uit sy rug gespuit het, "maar ek het nie dadelik geweet ek is gewond nie. Ek het daai reuk en smaak van gebrande vleis in my mond gekry, soos wanneer ons werkers op die plaas die binnegoed en longe van 'n slagdier op die oop vuur geskroei het … Anyway …"

Die 14,5 mm-rondte, wat deur pantserstaal kan sny, het hom op sy stuitjie getref en deur sy ingewande en maag geskeur. Oomblikke later het dit vir hom gevoel asof 'n rooiwarm yster deur hom gedruk word.

"Jissie, dit was … en jy weet nie wat gaan aan nie en jy kry nie jouself beweeg nie. Op 'n stadium het iets gebeur, daar is wel skote op my geskiet."

Eers later sou hy hoor hy is ook deur vier AK-47-rondtes getref. "Ek het agtergekom iemand sleep my en hulle het my in 'n Ratel ingegooi. Dit was seker Paul-hulle wat my opgetel het en hulle het my in 'n Ratel gegooi en my uitgevat.

"Maar jy kon heeltyd die koeëls teen die Ratel hoor slaan, so tang-tang-tang, jy weet. Later het ek bygekom en ek het langs 'n Ratel gelê en ek het nie geweet wat aangaan nie, want ek was nie by nie, maar ek was ook nie uit nie. Dis asof jy 'n movie kyk. Alles speel so voor jou af, maar dis net 'n gerammel en 'n gehardloop en dit en dat."

Van die drama op die doelwit waar twaalf buddies dood of sterwend was en die ander hard om hul lewens veg, wis hy op daardie stadium niks. Ook nie hoe ernstig sy eie wonde was nie. Weens 'n bisarre blaps is HP op daardie dag se ongevalleverslag as dood aangegee. Nommer, rang, naam, de lot. Maar ook daarvan en die rooi gesigte wat dit sou veroorsaak, was hy onbewus toe die chopper eindelik laag met hom oor die koepel van die bos skeur. Suidwaarts na Oshakati, waar die chirurge 'n bitter besige dag sou hê.

HP, die jong Vrystater wat so lief was vir hardloop, se private oorlog het maar pas begin.

Hier is dit nodig om weer aan te sluit by luitenant Hannes du Toit, die tweede-in-bevel van Bravo Kompanie wat by Louis Harmse se gekrokte Ratel 20 (lees: twee-zero), met crew en al, moes agterbly.

In *Mobility Conquers* (die annale van 61 Meg) vertel skutter SJ Koen, Twee Zero se drywer, dat hulle 'n manier geprakseer het om die versnellerkabel tydelik te herstel en agter die res van Bravo Kompanie aan te ry so vinnig hulle kon. "Trap mens die pedaal, het dit nou 30 sekondes gevat vir die Ratel om te reageer, maar ons sou ten minste kon ry."

Maar toe hulle wil opklim en ry, sien hulle vir die eerste keer daar is 'n stuk boomtak wat "soos 'n spies" in die regtervoorwiel steek. Hulle het bloot die tak gelyk met die band afgebreek en gehoop vir die beste. Tyd vir wiel omruil was daar nie. Iewers in die bos voor hulle was die geveg alreeds aan die gang en hulle wou daar uitkom.

Sekondes daarna doem een van daardie 23-mils uit die bos op en hulle adrenalienvlakke skiet deur die dak. In die verbygaan sien hulle egter die Swapo-bemanning agter die kanon is almal dood. Daar's 'n terr voor hulle, maar die 20-mil en die Browning-masjiengeweer stoor altwee na die eerste skoot en die terr staan nog. SJ hoor iemand skree: "Ry hom om!" en hy swaai uit en maak so.

Toe sien Hannes nog 'n bisarre gesig: sy eie Ratel, 21A, wat kort tevore deur Harmse oorgeneem is, waar dit in die bos staan nadat die vooras gebuig het. Maar die crew lyk oukei en Hannes stoot verby, want iewers voor is die hel los.

En toe's hulle skielik in 'n lokval en trek kleingeweervuur van alle kante. SJ jaag deur terwyl Hannes, wat intussen so in die ry van die toring af na agter gekruip het om die lugafweer-Browning te beman, losbrand so al wat hy kan.

Dis moeilik om te oordryf oor presies hoeveel dapperheid dit verg om daardie Browning agter op die Ratel te beman terwyl die koeëls van alle kante kom. Jy staan halflyf by die voertuig uit terwyl jy die swaar wapen op sy monteerstuk van die een kant na die ander draai om te skiet.

Die oop luik gee jou 'n bietjie beskerming aan die een kant, maar nie naastenby genoeg nie. En vir die vyand staan jy uit soos 'n seer vinger, want jy is hoog bo die grond en waarskynlik die enigste wat in daardie stadium buite die voertuigromp sigbaar is – anders as jou buddies wat hul R1-lope van binne af deur die skietpoorte druk.

Hoeveel bokse ammunisie Hannes in daardie fight deurgedraf het, weet SJ nie. "Maar die volgende oomblik hoor ek deur my oorfone: 'Hy [Hannes] sê sy bors brand, vier skote.'"

Hannes het in sy sitplek afgesak en die ander in die Ratel het sy wonde probeer versorg so goed hulle kon terwyl SJ aangehou het om deur die bos te breek. Tydens daardie dolle rit het 'n RPG-vuurpyl rakelings voor die Ratel se neus verbygevlieg nadat "iets" vir SJ gesê om rem te trap.

Oplaas was hulle terug by die steeds gestrande 21A. "Ek was so in skok dat ek in 21A vasgery het," onthou SJ.

Hannes het aan sy wonde beswyk – die enigste 61 Meg-sterfgeval daardie dag wat nie deel van Paul Louw se peloton was nie. Hy sou postuum vereer word met een van twee Honoris Crux-medaljes vir dapperheid wat op Smokeshell aan 61 Meg-lede toegeken is.

7

DOODSANGS, KOPHOU EN HELDEMOED

Wanneer jy skielik in die spervuur beland, soos 'n karakter in een van daai gruwelflieks vol vuur en bloed, krimp jou wêreld. Jou brein moet verwerk wat in jou verantwoordelikheidsgebied gebeur en hoe jy in real time daarop reageer – veral as ander se lewens van jou besluite afhang.

Elkeen het sy rol in hierdie dodelike dans, of jy nou die kommandant of die luitenant is.

"Ek het altyd maar gesê: 'The buck stops with me,' vertel Dippenaar. "Jy kan dit nie verder beredeneer nie en daar is niemand anders vir wie jy kan vra nie. Dan moet jy maar net vertrou ... Dis hoekom leierskap vir my baie belangrik was, tot op die vlak van Paul Louw en al sy troepies, sodat hulle eerstens kon weet waaroor dit gaan en tweedens 'n vertroue kon ontwikkel."

Daarvoor was Smokeshell 'n groot toets.

"Tydens die aanval self voel 'n ou op 'n stadium jy verloor beheer, want daar gebeur soveel goed gelyktydig ... Jakes [kaptein Jakes Jacobs, bevelvoerder van Vegspan 3], wat met die pantserkarelement aan die regterkant aangeval het, het gekom en gesê daar is geen teiken nie. Daar is wapenstelsels en daar is loopgrawe, maar nie vyand nie.

"Op daai oomblik was dit 'n redelike skok vir 'n bevelvoerder, want dit sê mos jou plan gaan nie slaag nie, want jy het gebargain daar's 'n teiken en nou is daar nie. Waar is hy dan nou? En nou moet jy besluite neem – op inligting wat nuut inkom.

"Die volgende een wat my getref het, was juis Paul Fouché [majoor, bevelvoerder Vegspan 1] wat by sy doelwit ingegaan en kontak gemaak het met 'n redelike klompie vyand met wie hy toe geveg het, so sy geveg het voortgegaan.

"Toe kom Paul Louw se insident [Vegspan 2, aan die suidekant] en dit het alles omtrent tot stilstand geroep ... Ek het doodeenvoudig net kalm gebly en beheer gekry oor die lugmag om te sê: 'Stuur helikopters vir ons.' Beheer gekry oor die kanonne en vir hulle gesê waarheen om te skiet, want die kanonbevelvoerder is daar byderhand.

"En dit was my rol ... Om alles net eers tot stilstand te bring, sodat daar beheer kan kom. Want die volgende oomblik toe is Louis Harmse [Paul Louw se kompaniebevelvoerder] hier by my. Hy het sy troepe gelos om na hulself om te sien – hy was geskok en verdwaas. Ek het net vir hom gesê: 'Klim hier in die voertuig en raak kalm.' Toe het ek bevel oorgeneem vir daai gedeelte van hom ook.

"Dit gaan alles weer terug na leierskap en leiers wat vertroue het in mekaar. Toe Louis Harmse na my toe gekom het, hy het nie probeer om iets anders te doen nie en dieselfde met die ander leiers."

Dippenaar het Harmse vervang met majoor Jab Swart, 'n genie-offisier van sy reserwegroep, en laasgenoemde vorentoe gestuur waar hy sy werk stewig gedoen het.

"Dit klink of dit so maklik is, maar in daai omstandighede en situasie ... Dis in die bos, dis baie ruig, daar is geen uitstaande landmerke nie en dis 'n geskietery reg rondom jou en jy kry berigte van dood ... Die emosionele belewenis op daai oomblik is traumaties. Party ouens hou kop en ander verloor kop.

"Uiteindelik het ek die ouens, min of meer die leiergroep, gekry dat ons op 'n paadjie ry na waar ons gaan oornag. Terwyl ek nog met hulle gepraat het, het hulle op my voertuig geskiet. 'n Tak net bo my is afgeskiet en dit het ondertoe geval. Dit wys vir 'n ou hoe naby die koeëls aan jou getrek het, so dis nie speletjies nie, dis doodsake. En uiteindelik kan ek dit weer net toeskryf aan leierskap."

Van wat in die groter prentjie aan die gebeur was, het die 19-jarige Paul Louw nog niks geweet nie. Midde-in die inferno, omring deur sy dooie en sterwende troepe, moes hy kophou soos nog nooit in sy jong lewe nie.

En daarvoor gee Dippenaar hom krediet. "Paul het daar in sy eie omgewing uit 'n ander hoek gekyk. Hy was die leier en hy het die leier gebly tot op die einde. Dat hy ander besluite kon gemaak het, is nie vir my om te oordeel nie, want net hy weet wat daar gebeur het."

MARCO CAFORIO
Toe die gewonde Marco na sy vriend Rob de Vito wou gaan, "voel ek hierdie ontploffing, maar ek hoor niks en ek sien, oukei, 'n deel van Rob, sy bene, is bo-op op die Ratel. Toe sien ek hom op die grond en ek gaan na hom toe en skud hom en skree, 'Rob! Rob! Rob!'"

Sy vriend se oë was oop maar leweloos. "En toe crack ek en spring terug teen die Ratel en ek weet nie wat de hel aangaan nie. Toe hoor ek net Van der Vyfer, ons tail gunner [regs agter op die Ratels was 'n tweede Browning-masjiengeweer gemonteer, kwansuis vir

lugafweer, maar dis meestal teen vyandelike voetsoldate gebruik]
skree op my: 'Caforio, slaan dekking, hulle skiet op jou!'"

Maar hy bly regop staan terwyl die AK-47-rondtes teen die
Ratel vasslaan. "Jou brein is weg, ek kon nie asemhaal nie. Al wat
ek kon dink was, waar is die res van 61 Meg, ek moet by hulle
uitkom, hoe gaan ek dit regkry? Want jy bekak jouself. Na wat ek
pas gesien het, wou ek net oorleef, niks meer heldespeletjies nie.
Ek wou net van hierdie plek af wegkom."

Marco hoor toe weer hoe Van vir hom skree om dekking te
slaan. "Maar waar is al die ouens dan?" skreeu hy terug.

En Van antwoord: "Almal is fokken dood, almal is fokken dood!"

Toe spring-spring Marco op sy gewonde been om sy eie Ratel en
sien hoe ook Paul Louw se Ratel brand. "Ek sien hoe een van die
ouens in sy Ratel brand. En dis toe dat ek vir Van sê: 'Weet jy wat,
ons moet wegkom van hier.'"

Die army maak van jou 'n man, moes hy gedurig hoor. Maar dit
was waansin. Wanneer hulle op jou skiet verander alles.

Marco en Van het begin hardloop.

"Ons het gelukkig albei ons R1-gewere gehad. Ek onthou ons
het in 'n Swapo-bunker gespring en probeer uitwerk van watter
rigting al die AK-47-vuur kom. Maar toe besluit ons dis die
verkeerde plek om te wees en ons hardloop weer, ek weet nie hoe
ver nie, maar ons wou net wegkom van die vyandelike vuur af."

Die volgende oomblik sien hy drie helder blitse uit 'n geweerloop.
"Een koeël het 'n keep uit my knie geruk, maar ek het net stokstil
bly staan, ek was verstar. En ou Van het my grond toe gedruk en
die terr geskiet."

Toe gaan soek albei skuiling agter 'n miershoop, "maar hulle
sien ons en een van die 14,5-mil masjiengewere trek los op ons".

Terwyl die blare en takke op hulle reën het die trane oor hulle rookbesmeerde gesigte begin loop, onthou Marco. "En Van sê: 'Caforio, ons gaan hier doodgaan.'"

Maar êrens het die vreesbevange Italianer van die ooste van Johannesburg weer die moed gekry om diep te grawe. "We are not dying here, my man. Today we won't die."

"Ek onthou dit goed, want hy was een van die min Afrikaanse ouens in ons seksie, so hy het Afrikaans gepraat en ek het in Engels geantwoord."

Sy opleiding het uiteindelik begin inskop. Soos om enkelskote te skiet om ammunisie te spaar en net wanneer hy 'n duidelike teiken kon sien. "Ek het net een magasyn gehad [twintig rondtes]. Jy kon hulle sien hardloop, in groepe van drie, en húlle het duidelik geweet waar ons was."

Die koeëls het teen die miershoop vasgeslaan en miere het onder hulle browns begin kriewel en byt en Marco het gebloei, maar hy het nie geweet waar hy gewond was en hoe ernstig nie.

"Ek het vir Van bly sê om net te skiet wanneer hy kan sien wat hy skiet. En uiteindelik het hy geantwoord: 'Oukei, Caforio, oukei.'"

PAUL LOUW

Een ding wat kolonel "Oom Ep" van Lill tydens die Meg-leierskursus in Bloemfontein gereeld gevra het, sou Paul Louw nooit vergeet nie: "Wanneer het jy nou 'n oorlog gewen?"

En ook nie die antwoord nie, wat uit Sun Tsu se *Art of War* kom: As jy alleen bly staan op die slagveld, dan het jy die oorlog gewen. Maar nie voor die tyd nie.

Dis met daardie filosofie in hom ingedril dat hy by sy brandende Ratel uitgespring het om sy Bravo-seksie – die enigste wie se Ratel nog nie uitgehaal was nie – te gaan soek. Om die geveg voort te sit. Dat sy been vol skrapnel was, het hy nie toe besef nie.

Op pad na waar Paul gedink het hulle is, het 'n Ratel langs hom gestop. Dit was luitenant Chris de Klerk, bevelvoerder van Peloton 2, wat besluit het om herhaalde bevele deur Harmse om "vas te staan" te ignoreer en sy eie karre vorentoe te vat om Paulhulle te gaan help.

"Ek sê toe: 'Chris, gee vir my net 'n geweer.' En sê hy vir my: 'Jy moet teruggaan na jou troepe toe, waar hardloop jy rond? Hulle soek jou.' Daarop het ek geantwoord dat ek my Bravo-seksie soek en hulle moet aangaan. Toe hardloop ek om sy Ratel die bos in.

"En toe ek so deur die bosse hardloop, toe sien ek Gary Braithwaite [Bravo-seksieleier] lig sy R1 op en mik na my. So asof ek nou van die vyand is. Ek het net my hande in die lug gegooi en gesê: 'Moenie skiet nie! Stop, stop, stop!'

"Ek sê toe vir hom hulle moet vir my die tail gunner se geweer gee. Dan doen ons vuur-in-beweging terug na my Ratel, 'n regte seksie-aanval te voet deur hierdie basis."

Nes Oom Ep hulle daar op De Brug buite Bloemfontein oor en oor laat oefen het en later ook Dippenaar op Omuthiya.

GARETH RUTHERFORD

Gareth en die res van 21B (Bravo-seksie) was buite hulle Ratel, met die twee ander aan weerskante van hulle wat uitgeskiet is, toe Paul alleen deur die koeëls aangehardloop kom.

"Hy was gebrand en sy gesig swart van die rook, hy het koorsagtig met Braithwaite gepraat. Ek kon nie hoor nie, want ons het op elke bossie geskiet, maar Gary het sy bevel aan ons oorgedra: 'Ons moet loopgrawe opruim.'

"Daar was nêrens om heen te hardloop nie, daar was vyande aan drie kante en agter ons was ons eie magte besig om op te ruk [Gareth verwys vermoedelik na Bravo Kompanie se Peloton 2].

Dit was skrikwekkend, maar in daardie chaos het Paul ons bymekaar getrek."

Hulle het vorentoe begin veg toe hulle daardie afskuwelike 23-mil agter 'n grondwal en terrs in 'n loopgraaf sien. "Ek het gesien hoe drie van hulle rustig wegdraf en toe looi Vossie, ons gunner, hulle met die Browning. En McLean, ons Bren nommer een, skiet so uit die heup dat hulle letterlik in stukke spat … Ek het twee granate gegooi en dekvuur gegee vir die ander ouens."

En toe begin Gareth die gille hoor: "Medic, medic!" vanuit die rigting van 21C, oftewel 9 Golf. En met die vyand se 23 mm-kanon nou uitgehaal het hy soontoe gehardloop.

"Dit was gek en surrealisties … ek het 'n lyk langs die Ratel sien lê, maar die enjin het nog steeds geloop."

Hy het by die deur ingekruip en toe is hy in 'n slaghuis. Die 23-mil se rondtes het deur die voorkant van die Ratel gekom en binne het 'n handgranaat ontplof, sou hy later hoor.

"Daar was 'n liggaam op die Ratel se vloer en bloed het by die toring uitgedrup. Ek het deur al hierdie gebreekte pantserglas en bloed gekruip om te kom by die dooiemanstop [die hefboom waarmee jy die enjin kan afskakel indien die drywer sterf], maar dit wou nie werk nie. Die lugdruktenk het 'n gat in gehad en dit het 'n helse lawaai gemaak.

"Dit het gelyk of almal dood was. Korporaal Paul Kruger [die Springbok gimkana-ruiter wat weens die operasie nie 'n toernooi in Oos-Londen kon bywoon nie]; Steve Cronjé, die drywer; Mike, my hardloopmaat van skooldae. Frank Lello het leweloos half bo-oor die Ratel gehang, op die grond langs die Ratel was Rob de Vito se bolyf."

Hy het geskree dat iemand sy groot mediese sak in sy eie Ratel, 21B, moet bring. Jan Hoevers het toe so half vies ("hoekom het hy

dit vergeet en dit terwyl die koeëls vlieg?") nader gery en Vos, die
gunner, het dit vir hom aangegee.

Dit het gelyk of almal binne dood was. Maar hy het gou besef
Peter Warrener het nog gelewe, al was sy been maalvleis. Martin
French was ook nog lewend, sy lyf vol skrapnel.

"Ek het oorweldig gevoel, maar besef ek is die enigste wat hulle
kon help en toe begin ek net doen waarvoor ek opgelei was.

"Andrew [Madden] het baie bloed verloor en ek het gesukkel
om die naalde vir die drupsakkie in te kry, want die are het
weens die trauma platgeval. Ek het Peter se been afgesny en met
bomverbande afgebind so goed ek kon … Ek het almal wat nog
gelewe het so goed as moonlik verbind, Sosegon gegee en gereed
gekry om gecasevac te word."

PAUL LOUW

Dit was eers toe hy met die geleende R1 na sy ongeskonde Bravo-
seksie teruggekeer het om te voet deur die loopgrawe te veg, dat
Paul Louw op sy erg gewonde drywer afgekom het.

Hy kan vandag nog beswaarlik glo dis 'n 14,5 mm-masjiengeweer,
dieselfde wapen wat deur sy Ratels se pantser geskeur het, wat HP
Ferreira op die stuitjie getref het. Hoe kon hy dit oorleef?

"En dit is nou maar seker alles bestiering, of 'n hoër hand of 'n
ding, ek weet nie, [maar] op daai stadium kom daar 'n Ratel agter
ons verbygejaag en toevallig is dit toe nou die ambulans-Ratel."

Hy het hulle beduie om te stop. Toe die hidroliese deur oop-
swaai, het hy iets gesien wat hy nooit sal vergeet nie.

"Daar was twee dokters wat saam met ons gegaan het. Een was
so 'n maer ou met 'n snor en hy sit op daai afslaanstoeltjie by die
linkerkantste deur. Daar was al gewondes in die Ratel, waar hulle
vandaan gekom het, weet ek nie. Maar die trane het oor sy gesig

geloop en hy het die hele tyd net geskree: 'Maak toe die deur, maak toe die deur!'

"Ek en Braithwaite het basies vir HP in daai Ratel ingegooi en die deur het toegegaan en hulle het verder gejaag ... Toe gaan ons aan met vuur-in-beweging tot by my Ratel waar hy staan en brand. Jy kan niks daarmee doen nie, die ammunisie binne is besig om te ontplof."

En vir die eerste keer te midde van die geweld en chaos het Paul die ware omvang van die bloedprys begin besef. Sy drywer, HP, was wie-weet-hoe-erg gewond. Ander sterftes in Paul se Ratel 21 was: die seiner Steve Loubser (wat vermoedelik op die afslaanstoeltjie by die Ratel se deur gesit het); sy peloton-medic, Piet Joubert; en die mortieris Vaatjie Venter, wat nooit eens nodig gehad het om daar te wees nie.

"Venter was eintlik die stoorman, maar hy het op Omuthiya na my gekom en gesê daar's g'n manier dat hy op die basis agterbly nie ... toe maak ek hom die tail gunner," verduidelik Paul. "Ek het hom 'n crash course gegee oor hoe 'n Browning werk, hoe om storings skoon te maak, hom laat skiet, alles."

"Maar toe ons by my Ratel kom, toe besef ek ons kan niks vir daai drie ouens doen nie. Inteendeel, hulle het verkool."

Hulle sou die volgende dag aan hulle dog tags – die metaalplaatjie om jou nek met jou weermagnommer en bloedgroep – uitgeken word.

By Ratel 21A gekom, is die erg beseerde maar toe nog lewende Gertjie Kemp – HP se vriend – versigtig uit sy drywersitplek gehaal nadat Paul en Bravo-seksie verdedigingstellings rondom die voertuig ingeneem het. Maar Kemp – wat onder meer verblind is deur glassplinters wat hom getref het nadat 'n RPG deur die voorruit geskiet het – was nie die enigste slagoffer nie.

"Toe ons daar aankom, was ek nogal kwaad, want hier sit Fourietjie (JH Fourie) bo-op die Ratel en dit met hierdie geweldige vyandelike vuur rondom ons. Hulle skiet van oral uit die bos uit en ek vat hom so aan die voet en ek pluk hom en ek sê: 'Kom af van daarbo!'"

"Ek het nie besef hy's reeds dood nie. Toe val hy bo-op my. Hulle het hom in sy maag geskiet en al hierdie ingewande en goed is bo-oor my."

Vir 'n oomblik wou Paul van sy kop af raak. "Net ná daardie insident het ek met my vuis teen die Ratel geslaan en gevra: 'Hoekom gebeur dit nou? Hoekom met my? Hoe lyk dit by die ander doelwitte as dit hier so lyk? Hoe gaan jy hier uitkom? Loop jy terug Suidwes toe?' Maar ek het geweet ek moet kophou."

Hy sou later hoor daar was traanspore oor die swart roet op sy gesig.

Paul het alle begrip van tyd verloor. Die aanval het om 14h00 begin en sou tot na donker duur, "maar dit het alles vir my soos tien minute gevoel".

Daar om die Alpha-kar het hy die handjievol troepe wat ongeskonde of net lig beseer was laat rondom-verdediging doen, vir hulle skootsvakke aangedui: "Julle ouens wat hier is: as daar 'n ou in daai rigting beweeg, is julle verantwoordelik om hom uit te haal, en julle ouens hier ..."

Maar sy Charlie-seksie, die troepe van 21C, was missing in action. "Ek besef toe, oukei, nou moet ons by die Charlie-kar uitkom ... Ek het hom gesien staan en rook draai uit hom uit en dinge lyk nie lekker daar nie."

Die Charlie-kar was sowat 100 m weg. In digte bos, omring deur vyand en koeëls wat oral vlieg, is dit 'n helse ent. Maar hy het sy troepe georganiseer en hulle het vuur-en-beweging in die rigting van die Charlie-kar begin doen. (Elke tweede man in die uitgespreide linie gee stilstaande dekkingsvuur terwyl sy makkers aan weerskante vinnig vorentoe beweeg; dan weer andersom, oor en oor.)

Teen daardie tyd was Swapo se groot skietgoed, die 23-mil en die 14,5's, genadiglik stil.

"Ons het 'n paar keer vuur getrek van Swapo's en dan het ons hulle maar uitgehaal en aanbeweeg. Een was 'n skerpskutter wat bo in 'n boom gesit het. Maar niks vreeslik erg nie."

En toe is hulle by die Charlie-kar. Die eerste skok was De Vito, sy lyf in twee geskeur. Toe, Andrew Madden op sy maag langs die Ratel. "Toe ons sy hemp ooptrek was sy hele rug vol skrapnel. Toe ek hom sien, het ek geweet hy gaan dit nie maak nie."

Gareth, die enigste medic van Peloton 1 wat nog lewend was, sou sy bes doen vir Andrew en al die gewondes. Maar vir ander was dit te laat.

"Paul Kruger was in die toring. Ons moes hom fisiek lossny van sy stoel, want die 23-mil het deur sy bors gegaan. Hulle drywertjie, Cronjé, was ook aan flarde geskiet. Daai stukke skrapnel …"

Vir Gareth het hy vandag net respek. "Daar het Gareth gewys wat hy onder druk kan doen. Hy het al die gewondes bymekaar gekry, geprioritiseer en vir hulle gedoen wat hy kon. Soos hy opgelei was om te doen."

MARCO CAFORIO

Agter die miershoop waar Marco en Van der Vyfer dekking gesoek het, kon Marco skielik die dreunsang hoor van Ratels wat aankom. "So 'n sokkerveld se lengte ver, deur bos wat effens minder ruig was."

Hy kon dit nie toe weet nie, maar dit was Peloton 3 se karre. "Ek

'n Soldaat ondersteun sy gewonde makker op die slagveld van Smokeshell.

sê vir Van der Vyfer ek hoor Ratels en hy sê 'nee'. En ek sê: 'Kom, Van, as ons hier bly, gaan ons doodgaan.'"

Soos hy opgestaan het, kon Marco die pyn voel van die skrapnel wat dieper in sy been sny en die warm bloed wat loop, "maar jy hardloop, jy hop en spring, want jou brein sê jy moet aanhou beweeg. Toe sien ek hulle: eers een en toe twee, drie ... vier. En die tweede een stop en ek sien hoe die 20-mil se loop draai en ek dink, hel, dalk gaan hulle ons skiet."

Maar die gunner – "George Vermaak was sy naam, hy woon nou in Kaapstad" – het geskiet op die 14,5-mil wat Gareth-hulle agter die miershoop vasgepen het. "En toe, terwyl ons na die Ratel toe hardloop, trek hulle weer los en ek word in my rug en enkel getref en ek hoor Van der Vyfer sê: 'Caforio, hulle het my getref.'

89

En ek vra: 'Waar?', want ek wou nie omdraai en kyk nie.

"Vir 'n ruk het ek net so bly lê en toe voel ek hoe ek opgetel word en ek hoor dis ou Kelvin, Kelvin Luke van Peloton 3, en hy skree: 'Kom, Caforio, staan op!' Hy sleepdra my toe terug na sy Ratel, maar ek is toe al so opgebogger, al wat ek kan dink is ek voel nou meer pyn."

Kelvin het sy lewe gered, weet hy vandag. "As dit nie vir Kelvin was nie, was ek dood."

Toe hulle by die Ratel kom, sien hy Van der Vyfer is reeds daar, by 'n ander deur ingehelp, maar met die bloedbad in sy eie Ratel vroeër in sy geheue ingebrand wou hy nie inklim nie. "Toe stoot hulle my in en ek sit daar agter in die Ratel en al waaroor ek worrie is om te kyk hoeveel ammunisie ek nog het. Ek haal my magasyn af en sien daar is nog drie rondtes oor en net toe skiet daardie 14,5 die Ratel raak, die rondtes kom deur die deur.

"Ek dink wat Kelvin se lewe gered het, was die groot tow bar aan die buitekant. Dit het dalk die ergste geabsorbeer, maar sy waterbottel het ontplof en hy's ook deur skrapnel gewond. En ek word toe ook weer deur skrapnel in my gesig en hand getref."

Marco het gevoel hoe sy gesig en oog soos vuur brand, hoe alles begin donker word. "Maar ek wou nie uitpass nie, want ek was oortuig as ek uitpass, sal ek sterf. En ek begin skree: 'Ek wil nie doodgaan nie, ek wil nie doodgaan nie!' En toe klap 'n one-liner [onderkorporaal], ek dink dit was Vermaak, my en sê: 'Jy sal nie doodgaan nie.'"

Toe, deur die waas van pyn, sê 'n medic "eet hierdie pille". Hy onthou hy het geworrie oor hoe hy hulle afgesluk gaan kry, drie van hulle. Dit was vol van sy eie bloed, kom die beeld terug. Met bomverbande om sy kop gedraai en die pille wat begin inskop, het hy in en uit bewussyn gesweef.

Hy onthou hulle het hom na 'n mediese Ratel oorgeplaas en HP was alreeds binne. "Ek roep sy naam en HP sê: 'Marco, hulle het my, hulle het my.' En toe pass ek uit. Daar was ook ander ouens daar binne, maar ek weet nie wie nie ... my brein het nie gewerk nie."

Marco was vaagweg bewus van artillerie-ontploffings wat stofsuile bo die omringende bos maak. (Dippenaar het kwelvuur – om die vyand 'n onrustige nag te besorg – deur sy artillerie gelas.) "En ek dog, oukei, as hulle my nou tref, as ek doodgaan is dit cool .. as jy hoog raak op daai pille gee jy nie meer om nie."

Al wat saak gemaak het, was dat hy nie meer pyn gevoel het nie, dat die spanning en angs uit sy ledemate gesypel het.

"Toe kom ons by die casevac gebied. Hulle het HP eerste weggeneem – ek onthou hulle het gedink hy's dood, hy's klaar weg. Ek was minder ernstig gewond as van die ander ouens en hulle het my met my rug teen 'n boom laat sit."

Hy het gewag terwyl drie of vier ander afgevoer word. "Ek dink die son het al begin ondergaan toe ek probeer opstaan en ek kon nie beweeg nie. Niks wou werk nie. En toe skree ek net 'Sit my in die fokken chopper!'"

Hy sou later by Kelvin Luke hoor die chopper kon eers nie land nie, want een van die Swapo-lugafweerkanonne wat steeds in aksie was, het op die Puma geskiet.

Uiteindelik was Marco in die maag van die naaldekoker. Hy het gevoel hoe dit opstyg en suidwaarts kantel "maar daar trek nog steeds van daai groen tracers by die chopper verby, het Kelvin vertel. Ek het nie eens geweet hulle skiet op ons nie."

Al wat hy onthou, is hoe die swart rook wat van die doelwit af opkrul die vallende son rooi soos bloed gemaak het. "Ek het gedink, 'Jeez, ek het dit gemaak, ek is veilig.' Toe crack ek en begin roep na

'n Panoramiese foto van Smokeshell wys 'n Puma-helikopter wat gewondes afvoer.

Een van die gewondes by Smokeshell kry mediese hulp.

Robert, want daar is ander gewondes in die chopper en ek gooi op, dalk van al die adrenalien, en hulle druk drupnaalde in my."

Steeds het Marco nog nie die laaste van Angola gesien nie. Die chopper het by 'n mediese pos geland. "Ek dink so 20 clicks weg, en daar's dokters. Hulle vra my waar ek gewond is en sny my browns en boots af, ondersoek my en toe hoor ek: 'Hy kan maar gaan.' Toe word ek weer gecasevac, Oshakati toe. Dit was al donker toe ek daar kom."

Die eerste ding wat hy daar gesien het, was twee lyksakke. "En toe crack ek weer, want ek lewe. En ek gooi op terwyl die medics by Oshakati X-straalplate van my neem en hulle sê net elke keer ek moenie worrie nie, dis oukei."

Die res van daardie nag was hy net soms by sy bewussyn. Eindelik het hy op 'n operasietafel gelê en 'n chirurg – "hy het 'n rooi baard en 'n Amerikaanse aksent gehad" – kyk na sy X-straalplate. "'Seun, jy's gelukkig om te leef.' En ek sien 'n klok teen die muur en dis 23h30 en toe is ek uit."

GARETH RUTHERFORD

In die hel binne en buite Charlie-seksie se Ratel het Gareth bitter alleen gevoel terwyl hy die mees traumatiese ervaring van sy jong lewe moes deurmaak. Om hom was die ouens wat sy dienspligreis saam met hom meegemaak het dood of gewond, en sommige van die gewondes sou dit nie maak nie.

Medics op seksievlak was nie dokters nie. Hulle was gewone infanteriste wat, nadat hulle die gewone gevegsdrills moes oefen, ekstra opleiding gekry het om hul gewonde buddies te stabiliseer totdat hulle van die slagveld na behoorlik ingerigte mediese poste afgevoer kon word.

Vandag kan enige paramedikus jou vertel hoe krities die

sogenaamde golden hour is – daardie klein venster tussen lewe en dood, wanneer jy 'n beseerde van die toneel tot by die operasietafel moet kry.

"Daar was Mike, wat my hardloopmaat op skool was. En Gert Kemp. Party ouens vertel hy het in die drywersitplek gesterf, maar hy het nie," vertel Gareth. "Ek sou jare later aan sy broer vertel dat Kempie dood is terwyl ek hom versorg het.

"Ek het wonde afgebind om bloeding te stop, skoongemaak en verbind, selfs 'n been afgesit, Sosegon toegedien. Alles wat ek kon sodat hulle afgevoer kon word.

"Almal het oukei gevaar. Ek het vir Peter Warrener [wie se been hy moes afsny], gevra: 'Hoe voel jy?' En hy het geantwoord, 'Fine.' Ek het met Nick Ogilvy gepraat – hy was vol skrapnel – en vir hom gesê om sy hemp uit te trek. Toe sê hy, 'Nee, help eers die ander.' Hulle was almal so dapper terwyl hulle daar gelê en bloei het. Hulle was bekommerd oor hulle vriende en broers, nie oor hulself nie."

Peter het sonder sy been in die son langs die Ratel gelê en Gareth het hom versigtig na die skaduwee van 'n boom verskuif.

"Ek was bang dit maak hom seer en ek het gevra of dit pynlik is en hy het geantwoord, 'Nee, niks.' En toe raak hy net aan die slaap, weg vir altyd. Dit was 'n helse skok vir my."

Andrew Madden het 'n gapende wond in sy nek gehad. "Ek het dit probeer toemaak, ek het als probeer. Ek dink ek het die regte dinge gedoen, as 'n medic."

Hy het gesukkel om drupsakkies in die gewondes te kry, want die are het platgeval weens die trauma. "Andrew het my gesmeek om die drup in te kry. Ek het naald na naald ingedruk en hy't gesê: 'Dit begin nou donker word.'

"Hulle het almal gesê: 'Asseblief, Gareth, ons wil nie doodgaan nie …' Maar tyd was nie aan hulle kant nie."

Gareth het hulle hande vasgehou en saam met hulle gebid. "Hulle het hoopvol gebly."

Nadat Paul Louw die handjievol oorlewendes bymekaar gemaak het om hul onmiddellike omgewing van die vyand te suiwer, is ook die verblinde Gert Kemp na Gareth gebring daar op die grond langs Charlie-seksie se dooie Ratel.

"Ek het hom bygebring. Hy het skrapnel in sy bors en een oog gehad. Ek het hom op sy sy gedraai sodat die bloed uit sy longe kon loop. Hy het gereageer daarop, wat 'n verligting was."

Maar die goue uur het verby gegaan. "Hulle het aanhou sê die choppers kom … 'n senior offisier het opgedaag om die situasie te ontleed en ek het op hom geskreeu: 'Dis nou al twee ure en nog geen choppers nie!' Hy het geantwoord hulle is op pad, maar ek was so kwaad."

Uiteindelik het hulp opgedaag in die gedaante van skutter Peter Brent. "Ek was so dankbaar vir Peter, dat hy gehelp het om hierdie ouens rustiger te maak, dat ek nie meer alleen was nie."

Peter was 'n vriend van die swaar gewonde Andrew Madden en het ook sy bes probeer om naalde vir drupsakkies in sy platgevalle are te kry. Hy het die gewondes se hande vasgehou en saam met hulle gebid.

Toe die gewondes eindelik in 'n Ratel afgevoer word na die choppers se landingstrook in die bos, het Peter vir Andrew uit die Bybel voorgelees voordat hy sy laaste asem uitgeblaas het.

Een gewonde, onthou Gareth, het egter agtergebly sonder dat iemand dit besef het. Piet Joubert, die peloton-medic wat getref is toe hy uit Paul Louw se gekweste Ratel gespring het, is vir dood aangesien. Maar die volgende dag is hy in 'n ontruimde Swapo-loopgraaf ontdek. Presies wanneer hy aan sy wond beswyk het wis niemand.

JAN HOEVERS

Skielik was die assistent-treindrywer wat vrywillig Rateldrywer geword het om vooruit te kom, in 'n ongewone situasie. Al was sy Ratel die enigste van die vier in Peloton 1 wat nie getref was nie, was Jan nou op die grond soos die res van sy seksie.

"Die van ons wat oor was, het in rondomverdediging gegaan en toe het ons loopgraafopruiming begin doen. Ek het te voet geloop, met my R1-geweer."

In sy onthou van daai chaotiese dag so lank gelede het 'n vaagweg bekende senior offisier langs hom verskyn. "En hy sê vir my ek en Willem moet hom help. Ons moet die wapens en die ID's en die geld van die Swapo's wat daar lê alles op 'n hoop sit. En ons loop toe nou so, toe begin hulle op ons skiet.

"Ek en Willem hardloop na 'n loopgraaf waar hulle net 'n rukkie gelede 'n Swapo doodgeskiet het en ek spring eerste in die gat. Willem kom by en sê 'maar hier's nie plek vir twee nie' en ek sê vir hom hy moet sommer bo-op my kom lê, want hulle skiet op ons.

"Toe gryp ek hom en trek hom af. Hy het net geval, toe klap daai stof so op die kante. Toe is ons binne-in die gat waar Swapo netnou was en ek sê vir Willem: 'Ons kan nie te lank hier bly nie.' Hy spring uit en ek spring uit en ons hardloop, maar hulle skiet op ons en jy hoor daai phew-phew hier verby jou gaan, maar jy is so flippen bang, jy hardloop so laag dat jou kniekoppe hier by jou ore verbykom."

Maar met die leegmaak van dooie Swapo-vegters se sakke was hulle toe al so 50 m van sy Ratel af weg, en skielik sien hy hoe sy voertuig wegtrek sonder hom.

Dit was toe Gareth Rutherford agter die stuur met die vrag gewondes en dooies in sy sorg. "Toe hardloop ek éérs vinnig. Toe ek by die Ratel kom, slaan ek aan die kant met die geweerloop en

Gareth stop en sê ek moet inklim. Toe sê ek: 'Nee, jy klim uit, dis my sitplek daai en jy klim uit.'"

Dit was 'n nagmerrierit terug na veiligheid, waar die veggroep sou hergroepeer en oornag. Jan se Ratel 21B was nou deel van die konvooi wat besig was om van die doelwit te onttrek vir die nag nadat Dippenaar vir Jab Swart in Harmse se plek gestuur het om almal op die doelwit – lewendes, dooies, beseerdes en beskadigde Ratels – te gaan haal.

Die Ratel was stampvol met lede van Jan se eie seksie "en seker drie of vier gewondes ook. Op 'n stadium het 'n Ratel voor my in 'n loopgraaf geval en hulle kon hom nie uitkry nie, of iets, maar ek moes daar ook wag."

Staan jy stil op die doelwit gaan iemand jou probeer looi. "Ek het skielik gestop en toe kom daardie RPG voor my venster verby. Daar is ook een bo-oor die Ratel en ek het vinnig weggetrek en toe is daar een net-net agter ons verby."

Hy sien toe die terr wat op hulle skiet "en ek skree vir ou Vos, ons gunner, hy's links van ons en Vos probeer die toring draai om met die 20-mil te skiet, maar daar's heeltyd 'n boomtak in die pad. Hy wil toe met die Browning skiet, maar die 20-mil se lang loop tref 'n tak wat die loop buig. En toe breek die tak en hy skiet die terr met die Browning."

Dit was toe al donker en die Ratels het met hul hoofligte af deur die bos gery. Onderaan die romp van elkeen was 'n klein navigasielig en elke drywer het die flou rooi liggie voor hom deur die stof gevolg "meer bo-oor die bome as om die bome, tot by die chopper-landingsplek, waar ons die gewondes afgelaai het".

Oplaas kon hy afskakel vir die nag. "Toe ons stop en uitklim, vra almal dadelik uit wie het dit gemaak en wie is dood en ek begin later op my vingers tel … en toe's twaalf van ons 44 dood."

Die ander het hul slaapsakke op die grond oopgegooi, maar Jan het in sy beknopte drywerskompartement teruggeklim.

"Ek was daai aand so moeg, jy is so uit. Ek het in die water gesit in my sitplek, want dis warm en jy sweet van al daai adrenalien. Ek onthou ek het twee liter water uitgedrink soos niks. En ek het net daar op my harde sitplek aan die slaap geraak en ek het nog nooit so lekker geslaap soos daai aand nie."

Maar Paul Louw, wat net so twee Ratels agter Jan Hoevers s'n was toe die RPG's begin vlieg, was nie so gelukkig nie.

PAUL LOUW

As pelotonbevelvoerder het Paul verantwoordelik gevoel vir die gewondes, maar Gareth Rutherford het "die mediese situasie uit my hande geneem". Hy en die handjievol troepe van sy peloton wat toe nog in aksie was, het onttrek van die verskrikking in en om Ratel 21C, "terug na die Alpha-voertuig waar ons in rondomverdediging en veilig was. Dit was effens in 'n dippie gewees, so in 'n laagte, en ons het 'n redelike uitsig op die hele doelwit gehad."

Van die groter prentjie oor die uitgestrekte Smokeshell-kompleks, waar vegspanne 1 en 3 besig was om deur hinderlae, loopgrawe en bunkers te veg met Dippenaar as die argitek van verwoesting, het Paul op daardie stadium niks geweet nie.

Sy wêreld het gekrimp tot dit wat hy kon sien en hoor en voel. Hier waar die 23-mil en 14,5's binne minute die hart uit sy peloton geslag het. So baie van sy troepe was dood, sterwend of gewond, en die bos om hulle was steeds vol van die vyand. Hy was desperaat vir hulp.

Paul het op sy manpak-radio (die liggewigradio's wat deur infanteriste te voet gedra is) geklim om hulp te kry, want dit was koebaai met die groter, kragtiger radio wat in sy brandende Ratel gemonteer was. "Toe roep ek, op die regte kanale, 'Zero' [Dippenaar se roepsein]. Maar ek kry geen kommunikasie nie. Ek hou net aan. Elke tien minute roep ek, 'enige stasie'. Niemand antwoord nie. En toe naderhand sê ek: 'Enige stasie? Dit is 21 ...' En ek verduidelik my situasie en ek sê soveel gewondes, soveel dooies, ek soek ondersteuning. 'Enigiemand om te help?'"

Eindelik hoor hy oor die radio die bekende stem van Koos van Rensburg, sy pêl van skooldae op Bloemfontein. Koos, wat by die tenkafweer-element van die veggroep is. "En Koos sê: 'Paul, as niemand jou wil kom haal nie, dan sal ek jou kom haal!'"

Maar die volgende oomblik is daar nog 'n stem in Paul se ore wat hy regdeur die warmste oomblikke van die geveg nie gehoor het nie: sy kompaniebevelvoerder Louis Harmse s'n. En hy hoor Harmse sê: "Koos van Rensburg, as jy daar inry [waar Paul-hulle was], dan krygsraad ek jou."

En dit was toe die einde daarvan.

Paul was natuurlik nie bewus daarvan dat Dippenaar toe reeds vir Jab Swart in Harmse se plek tot die redding gestuur het nie: "Gaan haal vir Paul. Gaan maak hom bymekaar en kyk wat daar aangaan en red wat te redde is."

En toe's dit Jab wat met vier Ratels op die doelwit opdaag. "Saam met Jab," vertel Paul, "was Kobus Moolman, 'n tenkafweer-ou wat saam met my op Meg-kursus was en André van Tonder, met wie se suster ek later getroud is."

Paul en sy troepe kon beswaarlik blyer wees om Jab en sy vier Ratels te sien. Maar Paul se lang dag was op die punt om in 'n lang nag te ontaard.

8
NAG OP DIE DOELWIT

In die Hollywood-oorlogfliek *Fury* moet die bemanning van 'n Amerikaanse tenk naglank om hul lewens veg teen 'n Nazi-oormag nadat hul strydkolos deur 'n landmyn in sy spore gestuit is. Die fliek met Brad Pitt as die rateltaaie tenk-troepsersant het 34 jaar na Smokeshell op die silwerskerm ontplof, maar Paul en kie sou met dele daarvan kon identifiseer.

Toe Jab Swart se vier Ratels deur die bos te voorskyn kom, vertel Paul, "klim ek by Kobus Moolman in sy Ratel en ons laai van die lyke en gewondes op. Maar net toe ons besig is om dit te doen, begin Swapo met 'n hernieude aanval vanuit die bosse, vanaf die noorde.

"Geweldige kleingeweervuur, dit begin so laat skemer, donker word … Jy kan nog sien, maar dit raak nou regtig moeilik. En hulle begin aanval uit die bosse uit. Jy sien die RPG's aankom, maar nou skiet hulle ook maar net."

Uiteraard wou hulle nie langer daar rondhang nie.

"Toe ons daar wegtrek, toe is dit lekker donker. En toe skiet hulle Kobus se Ratel, waar ek sopas ingespring het, deur die enjin met 'n RPG. Ons ry seker so 150 m en daar gaan staan hy. Maar die ander ouens jaag weg en daar is ons alleen op die doelwit. Maar nou's dit piknagdonker …"

Later sou Paul hoor dat Dippenaar woedend was toe hy hoor die laaste Ratel in Jab Swart se konvooi – die een waarin Paulhulle nou gestrand was – is agtergelaat nadat dit uitgeskiet is. Sy opdrag was dat alle beskadigde voertuie, gewondes en dooies van die slagveld herwin moes word terwyl die veggroep terugtrek en ingrawe vir die nag.

En daar sit hulle in Kobus Moolman se gestrande Ratel 90 terwyl die nag sy sluier oor die bos trek. ('n Ratel 90 het dieselfde romp as die ander infanterie-gevegsvoertuie van sy familie gehad, maar met die toring en 90 mm-kanon van die veel kleiner Eland-pantserkar daarop gemonteer, met spesiale ammunisierakke vir die groot kanonkoeëls en 'n crew van vier of soms vyf.)

"Plus ek en Chris Raats, wat kwaai gewond was, en ek dink twee lyke. Daar was dalk nog iemand in die Ratel waarvan ek nie weet nie," vertel Paul.

"Nou vloek Kobus daar in die toring, want niks wil werk nie. Die enjin staan, die batterye gaan nie lank hou nie en niemand wil met ons praat nie, maar ons is hier tussen die vyand."

Teen daardie tyd het "die geweervuur en alles opgehou, want hulle kon ook nie meer sien waar is al die voertuie nie. Kobus vra wat ons moet doen. Ek sê toe: 'Ons is die veiligste in die voertuig, mits hulle tot by die voertuig probeer stap en ons probeer skiet met 'n RPG.'

"Ek het net geweet Swapo sal nie daai guts hê nie, so iemand moet in die toring sit en kyk en luister of daar nie iets aankom nie en die res van ons moes stilsit. As dit begin lig word in die oggend, dan kan ons begin uitbeweeg."

Maar so maklik was dit ook nie. In die beknopte staalmaag van die gekweste Ratel met die kreune van die gewonde Raats in hul ore sou die ure baie stadig verbygaan. Waar is die vyand? Wat maak hulle? Was hulle besig om bekruip te word?

Om sake te vererger, was hul eie artillerie doenig met kwelvuur op die doelwit en ongemaklik naby aan hulle. "So die heel nag sit ons met ons eie vuur wat inkom. Dit was nogal 'n scary ondervinding vir my en ek dink vir almal daar ook. So vra Kobus op 'n kol vir my: 'Paul, soek my infanterieskoolsak, hy lê daar onder êrens.'"

Paul moes in die donker voel-voel na die sak, van die kunsleersoort waarmee soldate op naweekpas gegaan het. Gelukkig was dit sag onder die hand en dus maklik om tussen al die growwe gevegstoerusting van seil en metaal te identifiseer.

Hy kry toe die sak en Kobus sê vir hom: "Daar's 'n bottel brandewyn in, haal uit ..."

Kobus was voorheen 'n vlootoffisier, vertel Paul vandag met 'n tikkie humor, en hy't duidelik die eeue oue tradisie van seevaarders volgehou. Maar met brandewyn pleks van die rum wat admiraal Nelson se vloot versterk het.

Hoe dit ook al sy, hy was bitter bly vir daardie bottel brannas.

"Toe drink ons doppie vir doppie. Ons pass die bottel om in daai Ratel, die hele nag deur. En ek gee vir Chris Raats ook daarvan, net om hom rustiger te maak en dalk 'n bietjie die pyn te verdof. Nou, jy weet wat doen alkohol aan wonde? Dit versnel die bloeding. Maar gelukkig het ons hom gepatch, so hy kon darem nie te veel bloei nie."

Die brandewyn was al doepa wat hulle vir hom oorgehad het, al die ander beskikbare medikasie het hulle reeds toegedien.

Die kragtige voertuigradio se batterye was pap en hulle het geen kommunikasie met enigiemand gehad nie. "Ons het nie geweet of iemand ons gaan kom haal of nie."

Deur die lang nag, terwyl hulle om die beurt in die toring van die Ratel wag hou, kon hulle die vure van Swapo-vegters in die omliggende bos sien, "sowat 200–300 m van ons af".

Of dit kosmaakvure of vir warmte in die koue winternag was, weet Paul nie. Maar in die Angolese bos, waar klank ver trek, kon hulle die vyand na mekaar hoor roep – en die gestrande Ratel was klaarblyklik vir hulle geen geheim nie. Want elke nou en dan het een so 'n bietjie nader gestap en dan was daar die helse dreungeluid van 'n RPG-lanseerder en 'n rooi vlamstert wat deur die fluweelgordyn van die nag skeur. Sommer net sulke paloeka-skote, onthou Paul. Hy dink nie hulle het die moed gehad om dit in die nag te naby te waag nie.

"Hoeveel keer dit gebeur het, kan ek nie vir jou sê nie, maar dan sê die ou in die toring: 'Hier kom hy, hier kom hy! En dis mis!' So het dit heelnag aangegaan … Vier, vyf, sewe keer? Ek weet nie, ek het nie getel nie."

Nie een keer het 'n plofkop teen die Ratel gebars en sy witwarm koperpen deur die romp gejaag nie. Maar Paul was vas oortuig: sodra dit lig is, gaan hulle kom vir hulle.

In die voordagdonker het hulle stilletjies uit die Ratel geklim, pynlik versigtig om nie metaal teen metaal te laat stamp nie. Almal met soveel ammunisie, water en kos as wat hulle kon dra. Paul haal toe die lugafweer-Browning van Moolman se Ratel af en draai 'n belt of twee ammo om sy lyf.

En so begin die groepie oorlewendes voetslaan. Terug na hul eie magte toe, waar dié ook al mag wees. Want as die son hulle daar sou betrap, was hulle dood.

JAN HOEVERS

Paul en sy lost patrol het al begin voetslaan toe Jan uit sy drywersitplek klim ná daardie bodemlose slaap waarin 'n mens verval wanneer die skok en adrenalien uit jou lyf bloei.

"Daardie volgende oggend was ook sleg, toe ons uitklim en die ouens sit maar bo-op die Ratels rond en praat onder mekaar." Hulle was vuil, uitgeput en verdwaas oor wat hulle deurgemaak het.

Teen hierdie tyd het hulle 'n beter prentjie gehad van die verskriklike verlies wat hul peloton die vorige dag gely het. Hulle luitenant, Paul Louw, was vermis en drie ouens in sy Ratel 21 was dood. Van seksie 1 was twee dood. En dan die verskriklike bloedprys wat seksie 3 betaal het: sewe dood. Hul kompanie se tweede-in-bevel, luitenant Hannes du Toit, het ook gesterf.

Ouens saam met wie hulle agtien maande lank afgetjop en nonsens aangejaag het, bloedgesweet en gelag het. Weg vir altyd. Hulle name sou nooit weer met roll call uitgelees word nie. Oor die lot van Marco, HP en soveel ander gewondes, wat in die maag van 'n Puma afgevoer is, kon hulle net raai.

Vir Jan was dit onwerklik om te besef dat net hy, uit die peloton se vier Rateldrywers, nie dood of beseer was nie. Hoe gebeur so iets?

Aan die regterkant van sy Ratel, "so 'n paar meter weg", was 'n tent wat hy die vorige nag in sy moegheid gesien het, maar hom nie veel aan gesteur het nie. "En toe dra hulle die body bags uit, die ouens in die sakke … Dit was hartseer, want net die vorige oggend was al die ouens nog hier en nou lê 'n derde van ons toegezip in daai sakke. Dit was vir my so sleg."

Hy en sy seksie is gevra of hulle kans sien om terug te keer na die toneel van die vorige dag se slagting om twee van hul peloton se Ratels (Paul s'n en 21C) te gaan help herwin. Hulle het eers met mekaar gepraat daaroor, onthou Jan. Oor hoe dit 'n wonderwerk was dat net hulle seksie ongeskonde deur die geveg gekom het, al is soveel RPG's na hulle gevuur. Oor hoeveel groter die tragedie sou gewees het as hulle ook getref was.

Jan was een van dié wat besluit het om nie te gaan nie. "Toe het ons maar daar gewag terwyl ander ouens die opruiming gaan doen het."

Agterna was hy spyt daaroor. "Maar op daai stadium is jy so bang, ek sê jou, ek het nie geweet 'n mens kan so bang wees nie. Toe ek daar gehardloop het en die koeëls hoor ... jy besef daai draadjie waaraan jou lewe hang, is 'n dun, dun garingdraadjie. Jy is bitter, bitter bang. Ek onthou daai een korporaal kon nie op sy bene kom nie. Hy sê hy wil loop, maar hy kan nie, sy bene wil hom nie dra nie."

Wat Smokeshell hom geleer het, is om te bid. "Jy weet, ek het Psalm 23, oor 'wandel deur die vallei van doodskaduwee', later uit my kop uit geken."

PAUL LOUW

Die RPG het die enjinblok getref en die Ratel in sy spore gestuit. Dus het die neus nog gewys in die rigting waarheen die res van die konvooi die vorige aand verdwyn het.

Hul plan was bloot om in die uitgetrapte wielspore te loop totdat hulle by iemand kom wat nie op hulle skiet nie. In die wielspore was hulle ook veilig teen landmyne, het hulle geredeneer, want die Ratels sou dit reeds afgetrap het. Met vyandelike hinderlae sou hulle maar net moes deal so goed hulle kon, sou dit gebeur.

Dit was 'n anderste vasbyt-stap. Chris se bene was vol skrapnel en hy kon nie self loop nie. Hulle het geen draagbaar gehad nie en daarom het hulle beurte gemaak om hom te dra. Op hul rûe, of soms oor die skouer soos 'n skaap – iets wat troepe tydens basiese opleiding moes doen totdat hul knieë knak, juis vir 'n dag soos dié.

Van 'n stewige pas was daar geen sprake nie. Daar was die gevaar dat hulle in die vyand kon vasloop of dat Chris net op die verkeerde oomblik kon kreun of skree van die pyn. Met elke tree het hulle verwag om geweervuur te trek, maar genadiglik was die omringende bos stil.

Die woedende oog van die son het vinnnig begin klim en sy eie tol begin eis. Die sagte wit sand het aan hul stewels gesuig en die hitte soos foelie weerkaats.

Ook die groot, sterk Paul het begin sukkel, want die Browning was 'n bliksem om te dra. Selfs sonder 'n monteerstuk, driepoot of ammunisie weeg dit 14 kg en daar is niks vergewend aan die hoekige staal nie. Die dooiegewig het aan sy arms en skouers gerem.

Paul het begin besef hulle gaan dit nie maak as hulle die gewonde Chris verder moes dra nie. "Ons kan nie vinnig genoeg loop om afstand te kry nie en wat gebeur as ons met hom in 'n kontak [army-taal vir 'n vuurgeveg] beland?"

Maar jy los nooit 'n buddie nie, nooit nie. Tog het dit al moeiliker geraak.

Die volgende oomblik hoor hy die soete geluid van uitkoms in die lug. Toe hy opkyk, sien hy hulle: Alouette-gunships wat soos groot naaldekokers met dodelike angels aangekletter kom.

Paul het sy manpak-radio saamgedra, al was die battery pap. Maar toe hy die handstuk druk en op die choppers se kanaal praat, "toe antwoord hulle my dadelik. En ek sê: 'Ons is reg onder julle, ons sit met 'n gewonde, julle moet hierdie ou uit ons hande uit vat, want ons kan nie meer met hom loop nie.'"

Die antwoord was nie wat hy wou hoor nie: hulle is gunships, hulle het nie plek vir gewondes nie en dis nie veilig om te land nie. "Ek sê vir hulle: 'Ek gee nie om wat julle doen nie, julle kan mekaar mos beskerm. Iemand moet kom land.' En hulle sê toe dis reg, ek moet rook gooi."

Alouette-helikopters was inderdaad veel kleiner as die werkesel-

Puma's, wat 'n seksie valskermsoldate kon neerlaat of as lug-ambulanse dien. Die Alouette's het plek gehad vir twee vlieëniers en die vlugtegnikus, wat ook die gunner was van die 20 mm-kanon wat in die sydeur gemonteer was, nes in die Viëtnam-flieks. Daar was inderdaad nie plek om 'n gewonde neer te lê nie, maar daardie dag is daar plan gemaak.

"Ons het vir Chris basies bo-oor daai chopper se 20-mil vasgemaak. En hulle het opgestyg en hom afgevoer en ons het verder geloop … Toe kom ek by die noord-suid waarmee ons aanvanklik die vorige dag vir die aanval ingery het."

Op daardie stadium het hulle reeds 25–30 km gestap, reken hy, maar hulle was nog op Swapo se werf. "Ek sê toe vir Kobus ons moet 'n hinderlaag lê, sodat ons die eerste Swapo-voertuig wat hier verbykom maar kan probeer uithaal dat ons dit nog kan gebruik. En dan gaan ons maar in 'n rigting."

Watter kant toe die vegspan was, suid of noord van hulle, het hy nie mooi geweet nie. "Maar nou lê ons 'n hinderlaag. Ek sit die ouens uit en ek sê vir hulle ek sal die eerste skoot skiet en dan moet hulle nou maar kyk wie dit is en hoeveel dit is en haal maar die ouens uit."

Gelukkig was dit toe nie nodig vir 'n dramatiese skietery om 'n ryding te buit nie. "So lê ons toe en hier kom 'n Buffel aangery, net die drywer alleen. Ek stop hom en vra waarheen gaan hy en hy antwoord hy gaan die echelon [logistieke ondersteuningsvoertuie] haal. Ek sê: 'Oukei, ons ry saam!'"

By die echelon aangekom, is hulle geneem na waar Dippenaar en sy bevelsgroep se Ratels was. "Toe ons daar uit die Buffel klim, was daar groot verbasing, want almal het gedink ons is deur die nag op die doelwit doodgeskiet … Hulle het gedink ons leef nie meer nie en hier klim ons nou uit."

Korporaal Paul Kruger, die gimkana-ruiter, was die eerste om te sterf.

RFN PETER WILLIAM
WARRENER
77412153 BG
BORN 1961, KILLED IN ACTION
OPERATION SMOKESHELL
10TH JUNE 1980
PRO PATRIA

Die grafsteen van Peter "Pip" Warrener.

Daar was nie kans om homself op die skouer te klop nie, want 'n hartverskeurende taak het op hom gewag. Hy moes sy dooie troepe in hulle body bags gaan uitken en hulle dog tags versamel, een vir een.

Vir die ongevalleverslag het hy hulle name neergeskryf, al twaalf van hulle:

Uit sy eie Ratel 21: Skutters FJ (Steve) Loubser, Piet Joubert en CJ (Vaatjie) Venter. Gesneuwel.

Uit seksie 1 (Ratel 21A): Skutters Gertjie Kemp (drywer) en JH Fourie (drywer). Gesneuwel.

Uit seksie 3 (Ratel 21C): Korporaal Paul Kruger (seksieleier) en skutters Steve Cronjé (drywer), Peter Warrener, Frank Lello, MC Luyt, Robert de Vito en Andrew Madden. Gesneuwel.

Sy peloton se sewentien gewondes – HP en Marco en die res – was toe alreeds afgevoer.

"Ek was self gewond, maar ek wou nie gaan nie. Ek het skrapnel in my kuit gehad en my arm was verbrand, maar dit het my nie eintlik gepla nie. Ek dink die omstandighede was van so 'n aard dat dit nie vir 'n ou gepla het nie."

"Die omstandighede" was enorm en Dippenaar en sy bevelsgroep se uitdagings was legio. Die ganse, uitgestrekte Smokeshell-kompleks moes opgeruim word: loopgraaf vir loopgraaf, bunker vir bunker. Wat dit beteken, is dat alle oorblywende vyand vernietig moes word. Alle nuttige buit – Swapo se voertuie, wapens en ammunisie – moes gelaai en teruggeneem word oor die grens. Wat hulle nie kon saamneem nie, moes vernietig word. Bunkers en die sakke van hul gesneuweldes moes deursoek word vir dokumente en ander intelligensie.

Die vernietigde of beskadigde voertuie van 61 Meg wat nog op die doelwit was, moes herwin word, want jy laat niks vir die vyand agter wanneer jy finaal onttrek nie. Bowenal was daar die enorme uitdaging van ammunisie- en brandstofaanvulling vir die hele veggroep in die bos. Om alles en almal weer mars- en veggereed te kry.

Dippenaar en sy crew het ook nie heeltemal ongeskonde daarvan afgekom op dié vloeiende slagveld nie, waar die vyand een oomblik voor jou en die volgende oomblik op jou flank is.

Op Dag 1 van die aanval het lugafweervuur rakelings sy Ratel gemis. En op Dag 2, terwyl hulle op die hakke van die gevegseksies deur Swapo-stellings beweeg, trap Dippenaar se Ratel 'n landmyn af. Dit was glo 'n dubbele kaasmyn (twee voertuigmyne aanmekaar gekoppel vir ekstra verwoestingskrag).

Genadiglik is niemand beseer nie, maar ooggetuies sou later geamuseerd vertel hoe generaal Constand Viljoen, hoof van die leër, "soos 'n prop uit 'n sjampanjebottel" by die luik uit gevlieg het. Dippenaar moes toekyk hoe sy eie Ratel met 'n verwoeste wielas deur die tiffies weggesleep word.

Paul was net besorg oor sy oorblywende troepe. "Daar was net twaalf uit die 44 en almal was in 'n toestand van skok." Om hulle agter te laat, was die laaste ding in sy gedagtes. Dat hy self dalk ná al sy ontberinge nie in die beste emosionele toestand was nie, het nooit by hom opgekom nie. Maar iemand het dit wel raakgesien.

Baie van die jong troepe het die afgelope twee dae 'n "ouerige vreemde offisier met 'n snaakse geweer oor sy skouer" oral sien opduik – waar hulle met opruiming of ander take besig was, of bloot net 'n fire bucket vol ratpack-koffie gebrou het tydens 'n haastige blaaskans. Min van hulle het generaal Viljoen herken. Die "snaakse geweer" oor sy skouer was 'n R4-prototipe, gekloon van die Israeliese Galil, wat binnekort hul bekende R1's sou vervang.

En dit was die generaal wat uiteindelik langs die luitenant kom sit en byna vaderlik vir hom gesê het dat "ek dalk meer sal beteken vir my gewonde troepe deur by hulle te wees". Die oorlewende ouens sou by ander pelotons ingedeel word en dit sou dalk ook vir hulle help om die verlies van hul buddies makliker te hanteer, het hy gesê.

Tog het Paul eers nog een ding gehad om te doen. Met die opruim van die doelwit ná die groot geveg het hulle op babahondjies in 'n Swapo-bunker afgekom en een gevang. "Sy ogies was half toe. Ek het hom vir iemand in 'n Ratel gegee en gesê, 'bring hom saam terug'." Op daardie oomblik had hy g'n idee watter rol dié vierpotige oorlogwesie nog in sy lewe sou speel nie.

En so, half teen sy sin, het Paul toe ook vroeg die volgende oggend, D-dag plus 2, in 'n chopper geklim. Die Puma het skerp gestyg en suid gekantel, weg van Smokeshell met sy loopgrawe vol honderde lyke en verwronge metaal en die stank van vure gevoed deur diesel, rubber, kordiet en vlees wat aan alles kleef.

DEEL 2

ANDERKANT SMOKESHELL

9
HP EN PHIA

In die woonhuise van talle Smokeshell-veterane sal jy vandag 'n
hoekie aantref waar hulle die apokaliptiese dag herdenk toe hul
lewens vir altyd verander het. Vergeelde koerantuitknipsels met
die gesigte van verlore makkers, die 61 Meg-kenteken wat op die
mou van hul sonverbleikte bruin uniformhemde vasgewerk was,
die motiveringskaartjie wat Dippenaar die oggend voor die aanval
aan hulle laat uitdeel het.

En altyd daardie foto wat een van die mees ikoniese beelde van
die Bosoorlog geword het: Ratels in die voorgrond en agter hulle
swart rook wat die lug bo die doelwit vul. In die middel van die
foto styg 'n Puma op, neus grondwaarts gekantel om spoed op te
tel, met die erg beseerde HP Ferreira aan boord.

Die foto was dié van Willem Steenkamp, die voormalige *Cape
Times*-joernalis wat onverwags in sy hoedanigheid as burgermag-
kaptein opgeroep is om die veggroep te vergesel en die operasie te
dokumenteer.

Maar in HP en sy vrou Phia se huis in Bloemfontein is 'n ander
foto wat veel groter opgeblaas is. Dis minute vroeër geneem en
wys hoe die "gesneuwelde" HP op 'n draagbaar na die einste
helikopter geneem word.

"Daar kan jy sien ek lig my kop, ek het gelewe," vertel hy en

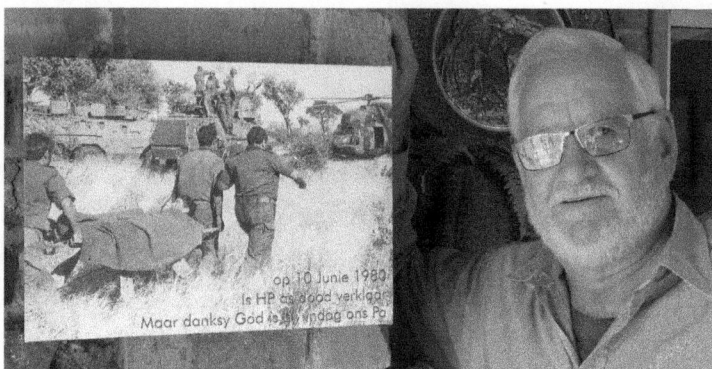

HP Ferreira by die foto waar hy op 'n draagbaar na 'n Puma-helikopter geneem word.

wys na sy veel jonger self op die foto. In die weergawe wat aan die Suid-Afrikaanse media uitgereik is, het die army sensor sy gesig met 'n swart streep verbloem nadat hy verkeerdelik as gesneuwel aangegee is.

Dis nie duidelik hoe die flater ingesluip het nie. Daar was rooi gesigte daaroor, maar eintlik is dit nie meer van belang nie. Veel belangriker is dat hy as't ware soos Lasarus in die Bybel uit die dood opgestaan het.

Van die vlug in die chopper na Oshakati, die naaste basis met 'n groot mediese pos aan die Suidwes-kant van die grens, weet hy min. "Jou hele liggaam ruk en hierdie gedeelte van jou lyf voel jy nie, hy's weg. Ek kan dit nie beskryf nie, maar 'n deel van jou liggaam voel of hy nie meer daar is nie."

By Oshakati het die oorwerkte chirurge met hul bloedbevlekte teaterklere gelap wat hulle kon voordat hy verder afgevoer is na die militêre hospitaal op Grootfontein. Daar is hy gereed gemaak vir die vlug in 'n Flossie na Pretoria.

Maar dit alles het in 'n waas gebeur, "want ek was so sewe dae half in 'n koma. Die eerste ding wat ek regtig onthou, is toe ek wakker word met my pa langs my bed. En hy sê vir my: 'Seun, kan jy onthou die dag toe ek julle by die garage gaan aflaai het, wat jy vir my gesê het?'

"Hy herinner my toe: 'Jy het gesê jy sal huis toe kom, maar jy sal nie heel huis toe kom nie.'"

Sy afskeidswoorde aan sy pa daardie dag voordat hulle Grens toe gevlieg het, was profeties, want die chirurge sou hom stukkie vir stukkie, een operasie op 'n slag, weer aanmekaar moes werk. Vir die volgende drie jaar sou 1 Militêre Hospitaal in Voortrekkerhoogte in Pretoria HP Ferreira se huis wees.

Dit was eintlik interessant om te lees wat die dag- en nag- personeel vir mekaar op sy bedkaart geskryf het, vertel HP vandag op sy onverstoorbare manier. Die groot koeël van die 14,5-mil het hom byna in twee geskeur. "Die dokters het nie gedink ek gaan dit maak nie, want daar was net te veel skade. My nierpype, my blaaspype, tweederdes van my dun- en dikderm was weg. My heup was afgeruk."

Daar was ook vier wonde wat vermoedelik deur AK-47-koeëls veroorsaak is, maar dit was die 14,5 wat sou maak dat hy tydens die skrywe van hierdie boek, meer as 42 jaar na Smokeshell, reeds meer as 'n honderd chirurgiese prosedures deurgemaak het. Die skrikwekkende wond waar sy stuitjie was, is vandag steeds daar en 'n stomasakkie het deel van sy daaglikse lewe geword.

Maar in die dae en weke en maande in intensiewe sorg kon hy nie weet presies watter uitdagende pad vir hom sou voorlê nie. Toe hy op 'n kol uit die onderwêreld van mediese verdowing na die oppervlak kom, het kommandant Dippenaar en Cassie Schoeman (sy kompanie-bevelvoerder voordat Harmse oorgeneem het) langs sy hospitaalbed gestaan.

"Ou champ, jy gaan deurdruk," het Cassie Schoeman vir hom gesê. En HP het geantwoord: "Oom Cassie, ek sal lewe, moenie worrie nie."

En hy hét. Want HP, die plaaskind wat in die skoolkoshuis hare geskeer en slaptjips verkoop het om sportklere te koop en heeldag wou hardloop, het nie verstaan wat handdoek ingooi beteken nie.

Vir lank is sy verskeurde middellyf met staalknippe aanmekaar gehou, "hier waar jou ribbes begin en ondertoe. Dan gaan ek in teater toe, dan werk hulle aan 'n stukkie derm of maak 'n stuk reg. As hulle sien ek is sterk genoeg, dan vat hulle my weer in."

Hy het vandag net die grootste respek vir chirurge soos prof. Tielman Marais wat destyds die onbeskryflike wonde moes probeer herstel wat die swaar ammunisie veroorsaak het. "Onthou, elke dag is hulle gekonfronteer met iets wat hulle nog nooit voorheen gesien het nie … gevalle soos ek. Jy kan dit nie in 'n boek leer nie."

Een van die kwessies was om te verseker dat sy rektum normaal funksioneer, want die spiere van sy anus was weg. "Prof. Tielman het destyds gesê as hy klaar is met my sal ek 'n wortel kan afknyp. En dit was ook so." (Dié stand van sake sou jare na sy ontslag uit 1 Militêre Hospitaal drasties verander. Weens 'n skeefgeloopte operasie deur 'n ander chirurg moes hy 'n stomasakkie begin gebruik.)

Deur dit alles was pyn 'n konstante en ongenaakbare metgesel wat hom soms in die nag laat skree het. "Hulle het vir my baie medikasie gegee, vir stres en goete. As ek maar weer sien, dan drink ek pille, maar ek weet nie hoekom nie. En inspuitings teen die pyn."

Die sterk medikasie het tydelike verligting teen die pyn gebring, ja, maar ook die gevaar van verslawing. "Soms moes hulle my bietjie onttrek daarvan en dan moes ek medikasie kry vir die onttrekkingsimptome. Dit was 'n moeilike tyd."

Vir sy ouers was die skok groot toe hulle besef wat die omvang van sy beserings is. "Dit was vir hulle bitter moeilik. Jy weet, hulle bly in Theunissen in die Vrystaat. Hulle ken niemand in Pretoria nie, hulle moet slaapplek kry."

Soos HP sterker geword het en kon begin rondbeweeg, het sy roetine op 'n bisarre manier amper soos dié van 'n koshuiskind geword, met die verskil dat hy in 'n hospitaal was en sy ouers naweke by hóm gaan kuier het.

"Saterdagoggende vieruur ry hulle uit Theunissen en dan is hulle so agtuur, halfnege by die hospitaal. Dan kuier hulle en gaan ons bietjie uit die hospitaal uit iewerster heen – daai dae het ons nog nie geken van restaurante nie, ons was plaasmense. My pa het sommer na 'n kêffie toe gegaan.

"Hulle het altyd bakke kos ingepak en dan kom hulle met die gekookte eiers en frikkadelle en koue skaapnek wat jy met die knipmes afgeëet het. Dit was vir my so lekker, daai kos. Want onthou, ek kon vir 'n lang tyd glad nie eet nie, ek het 'n neuspyp gehad, die tyd terwyl die derms nog moes genees."

Mettertyd was hy 'n "ouman" in die hospitaal. "Ek het bevordering gekry," spot hy. Hy kon van die groot algemene saal na die stoep-gedeelte "verhuis" waar die ander langtermyn-pasiënte toegelaat is om te slaap. Hier het die stukkende seuns, sommige sonder lede-mate, saam aangesit vir hul etes, met HP in sy rystoel aan die hoof van die tafel, amper soos 'n hoofseun.

"Stoutgatte" is hoe HP na homself en die ander "oumanne" van Saal 2 verwys. "Jy moet weet, ek was wild in die hospitaal." Hul somtyds maniese optrede in die hospitaal, wat hul huis geword het, was meer as net kattekwaad. Dit was hul manier om die trauma van hul verminkte liggame en geestelike wonde te verwerk, want die lewe in Saal 2 het soms herinner aan 'n toneel uit *M*A*S*H*, die donker televisiekomedie van die 1970's en 1980's oor 'n militêre veldhospitaal in die Koreaanse oorlog.

"Ja," erken HP vandag, "dit was maar hoe ek myself beraad het … Ek was wild in die hospitaal, 'n stout mannetjie."

Die ouens in traksie in hul hospitaalbeddens was maklike teikens. "Hy lê en slaap en dan vat jy die gewiggie – haai sies, mense is verskriklik – dan vat jy die gewiggie en jy tel hom bietjie op en laat staan hom nou hier op 'n ding. En sodra daai ou nou lekker ontspan, en hy draai sy voet, dan val daai gewiggie af, en hy ruk daai outjie … en dan skrou hy darem as hy daar wakker word!"

In sy bedkassie was daar maar altyd 'n bottel whiskey wat hy op 'n stadium gedrink het "om ontslae te raak van die pille". Snags het almal vir HP kom kuier en dan het almal 'n bottel whiskey gebring. "My locker was vol en dan vat almal maar 'n skoot of drie. Maar dit het gemaak dat ons, wanneer 'n ou se arm af was, hom nie jammer gekry het nie. Want as jy hom jammer kry, gaan hy homself jammer kry. So het jy hom try help."

Hoeveel seuns wat 'n oog of been of arm op die altaar van magspolitiek gestapel het, gaan in drie jaar deur die swaaideure van 'n militêre hospitaalsaal? Baie. "Jy weet, ek was vriende met Sarel, Coenie en Renier – al drie Bothas – in daai hospitaal," vertel HP.

Agter elke naam skuil 'n storie soos syne, gekoppel aan spesifieke operasies of "insidente". 'n Soort voetnota van die Bosoorlog geskryf in bloed en pyn en voortgesette opoffering, die soort wat jy nooit in vet opskrifte op koerantvoorblaaie gesien het nie.

Gou kon die hospitaal ook nie meer die ouman-pasiënte binne

hou nie. "Pas", in die amptelike sin van die woord, was daar nie. Maar hulle het uitgeglip – in rolstoele en op kunsbene, siende of nie – om te gaan fuif in die stad en dan is hulle soms uit 'n Spur of ander kuierplek gesmyt wanneer dinge handuit geruk het.

"Ons het net gegaan. Hulle kom maar net agter jy's nie daar nie. Hulle het in 'n mate geweet hoekom ons dit doen ... daai stoutigheid het gemaak dat jy vergeet van jou siekte en van jou dinge. Toe was ek al darem 'n jaar in die hospitaal, 'n jaar en 'n bietjie. Dan is ons uit en ons kom die aand weer terug."

Een van die viermanskap, "ou Sareltjie", het albei bene verloor in 'n verskriklike ongeluk by 1 Valskermbataljon in Bloefontein in 1981. 'n Troep het 'n onontplofde 60 mm-mortierbom in hul slaapkaserne ingebring en laat val. Drie is in die ontploffing dood en talle gewond.

Sarel het dalk nie meer bene gehad nie, vertel HP, maar hy't 'n kar gehad. "Een van daai met so 'n skuins gat en groot agterruit. Dit was nogal 'n grênd sportsmotortjie gewees."

In die arbeidsterapie-werkswinkel het HP vir Sarel 'n spesiale "ryvoet" gemaak. "Jy het sulke materiaal gekry wat jy in warm water sagmaak en dan mould jy dit. En as hy hard word, is hy sag. Binne-in die kunsbeen het ek 'n stok met 'n blokkie aangesit en daarmee kon ou Sarel daai outomatiese kar van hom ry."

En dis met Sarel se kar waarmee hulle die strate ingevaar het. By 'n watergat gekom, was dit oor na die rystoele en dan het hulle so sit-sit lekker dop gevat. Met hul terugkeer na die hospitaal was hulle maar luidrugtig en dan was daar gevolge, want selfs hier in die gange en sale het militêre dissipline gegeld.

HP en sy buddies was meermale op "orders" voor die hospitaal-bevelvoerder ("die kolonel of brigadier, ek onthou nie sy rang so lekker nie"). Dan is hulle goed uitgetrap en gestraf. Maar daar was ook 'n sagter, vaderlike kant aan dié senior offisier met al die stukkende seuns onder sy bevel.

"Naderhand het hy ons rugby toe gevat, ons was so vier ouens. Net dat hy naweke 'n oog oor ons kon hou, dink ek … Maar op pad het ons gedrink geraak en dan sukkel hulle maar met jou wanneer jy by die hospitaal aankom. Dan's jy maar weer in die moeilikheid."

Ná een so 'n aandjie uit maak hulle reg om bed toe te gaan, toe HP sien Sarel vat die waterkraffie langs sy bed. "Ek sê vir hom: 'Sarel, los my water', want ek weet ek gaan eenuur, tweeuur die oggend wakker word en dan's ek dors."

Sarel, dalk weens al die tiermelk, wil toe weet wat HP gaan maak as hy die water vat. "En ek antwoord: 'Man, ek maak sommer daai stomasakkie in jou kunsbeen leeg.' En toe's daar chaos, want Sarel haal sy 9 mm-pistool uit sy bedkassie en skreeu hy gaan HP skiet en dié vlieg behoorlik uit sy bed en begin op sy kieries weghobbel so al wat hy kan.

Die pistool was nie gelaai nie en geen bloed is vergiet nie, maar daar was wel een slagoffer: in die pandemonium het die stomasakkie op die bedkassie omgeval en die inhoud het in Sarel se kunsbeen beland – sonder enige hulp van HP. "En jissie, jy kry nie daai reuk uit daai been nie. Daai ding het gestink, boeta. Ons het hom daarna altyd gespot dat hy een vrot voet het."

Mettertyd moes die onwelriekende been vervang word nadat Sarel dit beskadig het terwyl hy aan sy motor gewerk het – of so het hy altans vertel. Hy en Sarel het beste pêlle geword, onthou HP vandag. As plaaskind was hy bang vir die groot stad en dis Sarel wat hom Pretoria gewys het. Selfs na hul ontslag uit die hospitaal het hy gereeld by HP en sy ouers gekuier.

Maar op 'n kol sou die lewe te veel raak vir Sarel. Sowat drie jaar voor die skryf van hierdie boek het hy sy eie lewe geneem.

Daar in Saal 2 het die oorlog ook vir HP en James van Eck saamgegooi na 'n landmynontploffing in Ovamboland. Twee broers, 'n identiese tweeling, het in die kragtige ontploffing gesterf. James het oorleef, maar skrapnel in sy gesig het hom blind gelaat. En weer het die "ouman" die nuwe aankomeling onder sy vlerk geneem. "James was briljant op skool gewees, jy weet … Noord-Transvaal-kleure en onderskeidings vir omtrent als gehad, van sport tot debatvoering," onthou HP. "En hy wou toe gaan swot, maar sy ma-hulle het swaar getrek, want ewe skielik is hul briljante kind weg, hy is blind. Hulle het nie geweet hoe om dit te hanteer nie."

Op 'n stadium het hy met James se ouers gaan praat en gevra wat gaan aan, "want ou James mis julle". Hy kon sien hulle neem dit ter harte en hulle het meer betrokke begin raak.

Op sy gewone pragmatiese manier het HP, wat teen hierdie tyd sy eie motortjie by die hospitaal aangehou het, James toe weer aan die wêreld buite Saal 2 begin bekend stel. "Ons het in die middae met my kar stad toe gegaan … Dan ry ek van suid na noord en ek noem vir James die straatname. Dan gaan ons weer van oos na wes, deur die middestad, en ek noem die straatname. En daar rondom die universiteit, jy weet."

Op 'n dag is hy op 'n militêre vlug van Pretoria na Bloemfontein geneem en van daar na 1 SAI. En daar het hy vir die eerste keer sedert daardie dag van vuur en dood in die bos weer die handjievol makkers van Peloton 1 gesien wat Smokeshell oorleef het. Dit was hul uitklaarparade, die laaste "u-u-u-i-t … TREE!" voor hulle summier terug civviestraat toe gestuur is om hul lewens te probeer hervat.

So asof niks gebeur het nie.

HP was toe alreeds op mediese gronde amptelik uit die weermag ontslaan, al was hy steeds 'n langtermyn-pasiënt in 1 Militêre Hospitaal. Hy het dus die geleentheid in burgerlike klere in sy rystoel meegemaak. Die ouens was net so bly om hom weer te sien as hy vir hulle, maar die trane was sommer baie vlak, want daar was so min van hulle op die paradegrond ...

En toe's dit ook verby en hy's op die vlug terug na Pretoria en sy huis vir nog vele maande: Saal 2.

Naderhand was almal – hy, James en die ander oumanne se ouers, broers en susters – soos een groot familie vir mekaar. Soms het die langtermyn-outjies van Saal 2 saam met die jong verpleegsters, fisio- of arbeidsterapeute gaan uiteet of dans. Naweke is daar buite die hospitaalgebou gebraai. "Soms stoot jy sommer jou bed uit en slaap daar langs die vuur onder die sterre. So daai was vir my genesend gewees."

Tydens die laaste helfte van sy hospitaalverblyf is hy soms ook toegelaat om 'n rukkie by sy ouers te gaan kuier en dan het hy gewoonlik een van sy buddies saamgevat.

Ja, iemand het wel eenkeer met hom oor berading kom praat. "Toe sê ek vir hom: 'Dokter, los maar, ek sal regkom.' Ek het nie destyds geweet ek het 'n sielkundige probleem gehad nie, ek het daai tyd nie eens geweet wat dit beteken nie."

Hy sou wel later uitvind.

Toe, "iewerster in 1982", ná byna drie jaar in die hospitaal, breek die dag van sy ontslag aan. Sy wond was so genees as wat dit op daardie stadium kon wees. Dit was maar 'n emosionele besigheid om almal te groet. "Jy moet weet, as jy ontslaan word uit die hospitaal en jy is hartseer omdat jy moet weggaan, dan moet jy weet jy was te lank daar."

Maar die noodlot sou hom 'n wrede streep trek en hy sou weer en weer die binnekant van 'n hospitaal sien.

Die lewe buite die hospitaal het nou oop voor hom gelê. Maar waarheen volgende? Die hospitaal was beslis nie altyd nie maklik nie, maar tog was dit ook 'n soort veilige hawe.

HP, wat altyd so graag met sy hande werskaf, het voor sy ontslag navraag gedoen oor die moontlikheid om voltyds by die weermag aan te sluit om 'n ambag te volg. Maar hy moes hoor nee, jy's nou 'n G4K4 (die klassifikasie vir iemand met ernstige mediese probleme), jy sal nie aanvaar word nie.

Sy weermagpensioen was maar R300 'n maand en op sy ouers se nekke wou hy nie gaan lê nie. "Jy weet, ek het 'n praktiese st. 8 gehad." En toe gaan die outjie wat hare gesny en slaptjips gesmous het in die skoolkoshuis oor tot aksie.

Bevry van sy rolstoel is hy in sy pa se deurleefde bruin Datsun-bakkie na 'n bekende ingenieursaak in Bloemfontein. Daar aangekom, beland hy voor 'n man wat hy as Oom Coetzee sou leer ken en sê vir hom: "Oom, ek het nie kwalifikasies nie. Maar hier is my Wiskunde, hier is my Tegniese Tekeninge, hier is my teoretiese vakke, ek het onderskeidings daarin. Het jy nie vir my 'n joppie waar ek planne kan teken nie?"

Die man het duidelik iets in HP gesien. "Hy het my so sit en aankyk. Sy sekretaresse se naam was Annatjie en hy sê vir haar: 'Annatjie, gaan wys vir Hennie waar hy moet gaan sit. Hy begin sommer nou te werk.' Ek sê vir hom ek het net die klere aan my bas en nie blyplek hier nie ..."

Daardie nag het hy by 'n pêl oorgebly en die volgende oggend deurgery na sy ouerhuis om sy klere te gaan pak. En toe's hy weer terug om by Oom Coetzee te gaan aanmeld. "Daar het ek my opgewerk tot ek amper 'n landmeter was. Ek het nie papiere gehad nie, maar ek het daai werk gedoen."

Iewers in 1983 het 'n engel in sy lewe gekom. Phia, 'n fyn

Phia en Hennie "HP" Ferreira in hul jong dae.

HP met 'n vis wat hy uitgetrek het.

donkerkopnooi van Daniëlskuil, was toe 'n eerstejaarstudent by die
Bloemfonteinse verpleegkollege. 'n Omgeemens wat al van kleintyd
af 'n "nursie" wou wees. Geld vir universiteit was daar nie, maar
danksy die praktiese aanslag van die kollege het sy as student reeds
baie ervaring in hospitaalsale opgedoen en dit het sy geniet.

"Ons het 'n huisfunksie gehad, maar ek het mos toe nie 'n
boyfriend nie," vertel sy dekades later in die huis waar hulle al
soveel sakke sout saam opgeëet het.

Haar vriendin Elize vertel haar toe sy ken 'n outjie wat saam
met haar boetie in die hospitaal was. "En ek sê toe jong, ek glo nie
aan blind dates nie, maar dis oraait, want ek is nie lus om alleen
te gaan nie."

HP het by die afgespreekte ontmoetingsplek, die hoofposkantoor
in Bloem se middestad, in sy pa se bruinerige ou Datsunbakkie
opgedaag. "Hy was so 'n maer mannetjie met langerige hare wat
so oor sy ore gegaan het," onthou sy.

By die huisfunkie het hulle 'n bietjie gedans en daarna by 'n
padkafee iets gaan eet en 'n melkskommel gaan drink. "En ja, toe
is Hennie nou heeltemal verlief op my, maar ek het nog nie rêrig
iets gevoel vir die outjie nie," vertel Phia op haar reguit manier.

Daardie eerste afspraak was 'n Vrydagaand. En die volgende
aand was hy terug, ingeboek by die ou Roberta Hotel oorkant die
Nasionale Hospitaal, en toe gaan dans hulle weer. "En so het ons
die hele naweek gekuier en die kuier het net meer en meer geword."

Algaande het hy in haar hart gekruip en het sy lief geword vir
hom – al het sy geweet van sy mediese probleme weens 'n oorlog
waaroor hy nooit gepraat het nie. "My ma het ook vir my gevra of
ek kans sien daarvoor en ek het gesê 'ja'."

In 1984 is hulle toe getroud, "maar ek sê vir jou, ek het nie besef
dat daar soveel opdraande sou voorlê vir ons nie".

Kort na hul troue het sy haar kursus voltooi en was sy 'n verpleegster – min wetend dat dit 'n beroep sou word wat sy 24 uur van die dag sou beoefen.

Toe hy weer sien, het HP 'n landmeterspos by die plaaslike stadraad en kry hy die groot taak om water en riool na die swart woonbuurt buite Bloemfontein aan te lê. En soos altyd doen hy toe dinge op sy eie manier.

"Ons het al die levels gaan vat en toe doen ek dit as 'n werkskeppingsprojek daai jare, dit was 1985 ... Ek het daai riole gedoen met werklose mense. Alles met pik en graaf gegrou, daar was nie masjiene nie."

Sy korps van stukarbeiders het R2 gekry vir elke meter sloot wat hulle gegrawe het, "so as hy nou die dag vyf meter gegrou het, dan gee ek hom R10". Hindernisse is ook op die HP-manier oorkom. "As jy by 'n groot rots in die grond kom, dan pak jy ou motorbande bo-op en steek dit aan die brand tot die rots warm is. Dan bring jy die waterkar en gooi water tot hy kraak en haal die stukke uit."

Die rioolstelsels had hy skaars klaar toe die baas van 'n siviele ingenieursaak een oggend vir hom die sleutels van 'n splinternuwe bakkie in die hand stop en sê: "Kom werk vir my." HP het eers wal gegooi, want by die stadsraad had hy 'n huissubsidie. Maar toe bied hulle drie keer sy salaris aan, plus mediese en ander voordele, en so werk hy toe vir hulle as voorman en later terreinbestuurder.

Hy het hard gewerk, goed gewerk, "altyd 'n kontrak voor die tyd klaar gemaak. Ek was baie hands on, ek het sélf in die sloot geklim, sélf die levels ingesit." Hy het dit geniet, die harde werk, nes toe hy 'n kind op die plaas was – ondanks die konstante en gereelde pyn waardeur hy moes veg, want net soos tydens sy byna drie jaar in die hospitaal was hy vasbeslote om aan te gaan, om nie te hênsop nie.

"Kyk, 'n ou wat nie erg siek is nie kla oor alles. Die ou wat dodelik siek is kla nie, hy lê net daar, hy is tevrede. En dis die heilige waarheid. Jy kan maar by enige hospitaal ingaan, dan sal jy sien: die ou wat kla, wat is sy storie, hoekom is hy daar? Nee, hy't gekla oor hierdie ding en hulle kry nie die fout nie en hy kla nog steeds oor hierdie ding en hulle kry nog steeds nie fout nie ... en dit maak my baie kwaad."

Luister 'n mens so na HP is dit amper asof die pyn 'n soort dryfveer geword het om positief te lewe. "Jy sien mos hoe gaan ek aan, want ek vergeet van dit wat daar is, ek moet aangaan. Ek wil aangaan, dis vir my lekker om daai ceilingbord in te druk en dan is dit seer ook nog. En dan verstaan ek hoekom het ek seer, want ek doen iets.

"Maar as jy sit en jy het seer en jy het niks gedoen nie, dan begin jy hierdie vrae te vra van waarom en waar. So, gaan aan met jou lewe en dan verstaan jy hoekom en waarom goed gebeur het."

Die fisieke wonde van Smokeshell het egter aangehou om 'n tol van sy liggaam te eis. Ook die onderdrukte trauma sou weldra na die oppervlak dobber.

HP sou sy positiwiteit en geloof nodiger hê as ooit tevore – en so ook Phia se steun.

Vroeg in hul huwelik reeds het die versorging van HP se wonde so deel van Phia se dagroetine geword soos tande borsel.

Soggens het sy halfvyf opgestaan en so driekwartier bestee om alles skoon en ontsmet te kry en dan is sy hospitaal toe vir haar skof. Saans na werk het sy dit weer gedoen. Elke dag, twee keer per dag. Maar al haar liefdevolle versorging en pille en inspuitings kon nie altyd die skimme van die verlede weghou nie.

Wanneer haar Hennie die dag stil raak, het sy geweet hy's nie

HP (links) op sy gelukkigste – aan 't musiek maak.

op 'n lekker plek nie. Een van sy passies is boeremusiek – hy't 'n orkes op die been gebring en speel verskeie instrumente, het selfs 'n elektriese kitaar met sy eie hande gemaak. "Al het hy seer sit hy sommer net vir tien minute voor die orrel en speel, dan weet ek hy voel oraait. Maar as hy die dag glad nie speel nie weet ek dit gaan nie goed met hom nie. En hy lê dan baie meer, hy slaap meer."

Daardie stiltes het klokslag so twee dae voor die herdenking van die Smokeshell aanval op 10 Junie begin. "Dan is hy op sy eie stasie. Ek het geleer om hom net te los en maak hom net wakker vir die nodigste, vir 'n broodjie of vir tee en 'n drukkie."

Hy het wel so twee jaar na hul troue in hooftrekke oor die oorlog begin praat. Want na sy ontslag uit 1 Militêre Hospitaal, sy "huis" van byna drie jaar, het dit moeiliker geword om die donker op 'n afstand te hou. Die selfterapie van kattekwaad en in die stad se kuierplekke jol saam met sy buddies van Saal 2 was nie meer daar om hom te pantser nie. Hy het besef hy sal hierdie ding self moet bestuur.

Phia het hom ondersteun so goed sy kon. "Oukei, daar's nie 'n

Phia en haar Hennie vandag.

manier wat ek regtig kan verstaan wat hy in die army deurgegaan het nie, maar met my passie om siek mense te versorg kan ek tog 'n visie hê, of kan ek tog sê ek kan sien jy het pyn, en dan probeer ek maar die beste om dit vir hom gemakliker te maak."

Maar wanneer hy in sy nagmerries weer die gesig van daardie Swapo-gunner gesien het, hoe die groot loop van die 14,5-mil in sy rigting draai en die pyn soos 'n rooiwarm yster in sy ingewande voel, het sy uit hul bed opgestaan en elders gaan slaap, "want hy stoei en baklei so dat hy my met die vuis sal slaan en dan weet hy dit nie eens nie".

Natuurlik was sy nie onaangeraak deur HP se fisieke of emosionele pyn nie. Soms het alles net te veel gevoel en dan het sy alleen gaan huil waar hy haar nie kan sien nie. "Dan sê ek vir die Here, miskien moet Hy net een dag Hennie se pyn vir my gee, dat ek net vir een dag sy pyn kan dra, dat hy nie pyn het nie.

"Toe sê ek dit eendag vir hom en toe sê hy vir my: 'Jy sal nie hierdie pyn kan dra nie, dis te groot en dis te seer, ons sê net dankie vir die Here dat jy kan verstaan en my kan help en dat jy daar is vir my.'"

Voor hul troue was HP eerlik met haar: die dokters het gewaarsku hy sal weens sy beserings dalk nooit kinders kan hê nie. Phia was tevrede om daardie kwessie op die lang duur te skuif, maar HP het die dokters verkeerd bewys. In 1990 is hul seun Henk gebore en in 1992 hul dogter Mariska. Hulle was verheug oor die koms van die kleingoed, maar in daardie selfde tyd het HP se rug hom al hoe meer hel gegee. "Dit was maar vir my 'n baie moeilike tyd daardie," vertel Phia, "want die kindertjies was klein en Hennie is kort-kort in die hospitaal."

HP se rug was met skroewe geheg. En net na Mariska se geboorte in 1992 het hy so erg in spasma gegaan weens pyn dat die skroewe sonder sy wete losgebreek het. Soos Phia dit verduidelik: die beskermende vlies om sy rugmurg het geskeur en van die spinale vloeistof het begin uitlek. Dit het veroorsaak dat hy deurmekaar geraak het en geweldige hoofpyne gekry het.

Hierdie keer was hy twee weke in die hospitaal terwyl sy alleen na hul twee babas omsien. Die operasie om sy rugwerwels te heg het nie goed verloop nie. Sy het die punt bereik waar sy die Here gevra het of Hy asseblief net die dag van die Wederkoms wil laat aanbreek sodat almal, Hennie inkluis, van hul aardse pyn en sorge verlos kon word.

Maar nadat sy haar hart in gebed uitgestort het, het sy opgestaan en aangegaan, want Hennie het haar nodig gehad, net soos sy en die kinders hom nodig gehad het.

Na sy ontslag moes HP in 'n rystoel op die konstruksieterrein rondgestoot word terwyl hy seker maak dat die werk goed en reg gedoen word. Soos altyd het hy sy pynpille gedrink en vasgebyt. Hy wou wys hy kán en 'n voorbeeld vir ander wees. Dit was seer, maar dit was ook lekker, want die bevrediging om te werk het die seer die moeite werd gemaak.

Maar oplaas, "so net voor 1994", het hy 'n mediese ontslag gekry en moeilike jare het gevolg. Die pyntablette en ampules waarmee hy homself daagliks ingespuit het om aan die gang te kan bly was duur. So ook die vele operasies wat hy steeds sou ondergaan. Op 'n kol het hulle selfs 'n tweede huisverband uitgeneem.

Maar HP, van kleins af so hardwerkend en vindingryk, het altyd 'n plan gesien. Een so 'n plan was die windpompkop wat hy self ontwerp en gepatenteer het. Basies 'n droë kop, soos HP dit verduidelik, wat op koeëllaers loop. "So enige plaasboer kon hom regmaak, want hy kon daai bearings by die koöperasie koop. Die ratte kan hy by die koöperasie koop. Die rat moet nou wel gesny word dat hy pas in die kop."

Vir 'n ruk was HP letterlik soos daai windpompingenieur waaroor Laurika Rauch in haar liedjie sing. "Ek het seker so 156 windpompkoppe geswaai. En as 'n boer 'n hele windpomp soek, dan bou ek dit vir hom.

Mariska, toe nog 'n dogtertjie met klein vingertjies wat ongemaklike plekke kon bykom, het gehelp deur die boute deur hul gate te druk sodat HP die moere kon vasdraai. Hy het een werker gehad en soms het sy seun Henkie, toe nog in graad 8, hand bygesit.

Dan laai hulle die windpompstellasie agter op daai selfde ou bruin bakkie van hom dat die staal ses voet voor en agter uitsteek, en die groot wiel van die windpomp word op sy sy staangemaak. "Dan gaan sit ons hom op en ons kom huis toe en dis klaar."

Daardie windpompkop het sy mediese rekeninge van der-
duisende rande per maand betaal, maar die skoonmaak van sy
wonde ná die dag se werk was steeds in Phia se liefdevolle en
geduldige hande. Oor die jare het vriende haar al gevra waar sy
die krag vandaan kry om heeldag met siekes in die hospitaal te
werk en dan nog tuis vir Hennie te versorg.

"Ja, dit voel regtig of ek nie van diens af kom nie," erken sy op
haar reguit manier. "En weet jy, dan besef ek weer dit sou dalk
anders gewees het as hy dit oor homself gebring het. Maar hy het
nie gevra om geskiet te word nie. En hy glo vas – en nou ja, ek nou
ook – dat hy my moes ontmoet sodat hy iemand kan hê wat siekte
en swaarkry verstaan.

"En ek is so lief vir hom, ek sal my hele lewe, ek sal alles gee net
om by hom te kan wees ... As hy nie lekker is nie, 'n bietjie sy rug
te kan smeer, 'n broodjie te maak of om net te kan gesels. Maar
ek dink al hierdie swaarkry het ons net nader aan mekaar en aan
die Here gebring."

Vir baie jare ná hy uit die hospitaal ontslaan is, het HP nie kontak
gehad met die ander oorlewendes van daardie dag van vuur en
bloed in die bos nie.

En hy wou eintlik nie, gee hy vandag toe. "Ek het gedink dit
gaan my terugvat na wat my seergemaak het. Dan gaan ek weer
seerkry en ek was bang daarvoor."

Maar mettertyd het hy soms 'n Smokeshell-man raakgeloop en
het hy later besef: hulle móét bymekaar kom. En iewers in 2007
het hulle voelers na mekaar begin uitsteek.

Daar is planne gemaak om op 10 Junie, die dag van die aanval,
in Bloemfontein bymekaar te kom om hul gevalle makkers te
eer. Dit was HP wat die inisiatief geneem het om sy voormalige

pelotonbevelvoerder in George op te spoor en te bel. "Ek het
Paul gesmeek om te kom … Al moet ek hom self gaan haal, hy
moet kom. En nou ja, ou Paul was hier. Daar het Paul toe begin
oopmaak en hy het mens begin raak."

Op 'n manier was dié samekoms soos die instinktiewe self-
berading wat HP en die ander "oumanne" in die hospitaal beoefen
het. "Dit het vir my daaroor gegaan dat jy die ou wat saam met
jou daar was moet laat praat."

Dit het 'n jaarlikse instelling geword, daar in 'n hoekie van die
Tempe-militêre kompleks waar hulle almal aangemeld het vir hul
eerste dag van diensplig en die begin van hul reis na Smokeshell.
Sommiges het van die begin af ingeskakel, ander wou niks weet
nie en het alle toenadering verwerp.

Maklik was dit nie. Wanneer HP op een knie afgesak het om sy
kransie neer te sit kon hy hulle elkeen se teenwoordigheid aanvoel.
"Jy kan steeds nie glo hulle is dood nie … maar ja, dis vir my
fantasties om hulle elke jaar te eer."

Daarmee saam het die terugflitse gekom, daardie brandreuk en
bitter smaak in sy mond toe hy geskiet is. "Maar ja, dit is wat ek
glo: bring die ou wat saam met jou daar was en sodra julle begin
praat, dan kry jy genesing. En so het ek vir ander ouens gesê, gaan
praat met die ou wat saam met jou op Protea of watter ops ook
al was. Want dan sal julle, as die Heilige Gees julle tot trane laat
kom, begin om julleself skoon te was."

En wat van die vyand se dooies? "Ons was nie skuldig aan
moord nie, ons het 'n werk gehad om te doen. Ek kan eerlik sê,
ons het nie eens geweet wat ons gaan doen nie, want jy was jonk
en lewenslustig en jy wou iets vir jou land doen. Jy het nie geweet
of dit die regte ding of die verkeerde ding is nie, jy het net gegaan.
Jy het alles ingesit en net vorentoe gegaan."

Verskeie Smokeshell-veterane sou later vertel hulle was verbaas om gesinsfoto's en Bybels te vind toe hulle die sakke van Swapo se dooies deursoek het. Want dit het nie gestrook met die propaganda oor die vyand as die "Antichris" of "Rooi Gevaar" nie. Dit het die vyand menslik gemaak.

Daardie insig sou HP, wat op die eerste dag gewond en afgevoer is, eers baie jare later kry toe hy en Phia na Johannesburg toe gevlieg het vir 'n televisie-onderhoud oor die oorlog en trauma. Op die bussie is daar toe ook een van die eertydse vyand wat aan die program deelgeneem het. En HP draai na Phia en seg in erg onvleiende taal hy weet nou nie wie's "hierdie so-en-so" nie.

"En hy sê toe vir my in Afrikaans: 'Nee man, Hennie, ek kan Afrikaans verstaan.' En daar het ons toe beginne praat en het ek agtergekom hy was ook net 'n soldaat soos ek, hy is ook net 'n mens."

Op daardie oomblik het hy nog geen idee gehad dat hy jare later weer op die plek in die Angolese bos sou staan waar sy jong en fikse liggaam so gebreek is nie. Maar vra jy HP vandag, het daardie toevallige gesprek op die bus hom dalk onwetend begin voorberei op sy fisieke genesingsreis terug na Smokeshell, waar die gesneuweldes aan alle kante herdenk sou word.

10
MARCO EN PAMELA

Die eerste ding wat hy sien toe hy na die operasie wakker word, is die suurlemoengeel van die daeraad en Oshakati se bekende watertoring deur die venster.

"Ek's net in my onderbroek en my kop is flippen seer, maar ek besef toe 'weet jy wat, jy't dit gemaak. Jy leef nog.' En toe sien hy voor sy geestesoog weer sy vriend Robert de Vito waar hy dood langs die Ratel lê. Robert wat die aand voor die operasie vir hom gesê het: 'Marco … ek weet nie of ek dit gaan maak nie.'

"En ek dink net die heeltyd: 'Wat gaan ek vir sy ouers sê?'"

Van al die ander wat dood is, het hy toe nog niks geweet nie. "Op 'n kol word iemand op 'n stretcher ingebring en ek hoor die medic sê: 'O, Caforio is ook hier.' Die ou op die stretcher is Martin French en hy antwoord: 'Nee, Caforio is dood,' hy't heeltemal gecrack. En ek het geluister hoe Martin lê en huil in daai saal en hy weet nie ek lewe nog nie." Maar Marco, onder die invloed van sterk medikasie, kon nie uitroep na hom nie.

Twee dae later vlieg hulle Marco na die hospitaal op Grootfontein en daar sien hy vir 'n breukdeel van 'n sekonde hoe hulle agter 'n gordyn vir French 'n kateter insit "en toe's hy weg en hy het nog steeds nie geweet ek lewe nie".

Toe's dit Marco vir wie hulle 'n kateter wil insit omdat sy blaas, nes French s'n, weens die skok van sy wonde drie dae tevore nog nie gewerk het nie. Maar hy pleit by die suster, "nee, asseblief" en hulle laat hom alleen met 'n bedpan en na vyf minute se gesukkel maak hy die hele bed nat. "Maar hulle sê moenie sorrie sê nie, moenie worrie nie."

En so, nadat sy toestand stabiel genoeg was, word hy ook na 1 Militêre Hospitaal afgevoer. "Dit was nog die ou hospitaal, nie die nuwe nie, ek dink dit was 'n vleuel vir operasionele ongevalle. En ek kon nie glo hoeveel ouens daar was nie, almal van Smokeshell. Nie net 61 Meg-ouens nie, ouens van ander eenhede ook."

In die bed langs syne was 'n swart soldaat van 32 Bataljon wat deur 'n mortier in die gesig getref is, "maar dit het nie ontplof nie, daar is net 'n gat. Ek kan nie onthou of hy bly lewe of gesterf het nie."

HP was toe ook al daar "en Pottie van Seksie 1, met skrapnelwonde. En Paul Louw ook, met brandwonde." Hy onthou Paul het in een van daai ou blou-en-wit hospitaaljaponne na elke gewonde van sy peloton gegaan en gehuil. Eers toe het Marco gehoor altesaam dertien van sy kompanie het gesterf en dat nog 26 gewond is.

Sommige is na 'n paar dae ontslaan, maar Marco sou vir byna vier maande daar bly en die pyn verduur van sy skrapnelwonde wat daagliks skoongemaak moes word. Alles kon nie verwyder word nie, soos klein stukkies in sy hand en oogkas, en hy moes fisio kry vir sy hand, wat deels verstyf het.

"Elke nag het HP geskreeu van die pyn of geroep, 'Caforio, kry die KO [kandidaatoffisier] asseblief, ek het pyn.' Toe ek in 'n rolstoel kon sit, het ek met hom gaan gesels en hy het my die groot gat in sy rug gewys."

Oplaas is Marco en Martin French, wat eers geglo het hy's dood, saam ontslaan. Omdat hulle kompanie nog in Ovamboland was, is hulle van die hospitaal na 1 SAI gestuur.

Om ná alles wat hulle deurgemaak het weer by die opleiding-seenheid met sy streng dissipline in te stap was bitter onaangenaam, vertel Marco. Hulle is met vrae van "wie's julle" begroet en het probeer verduidelik hulle is pas uit die hospitaal ontslaan nadat hulle in Smokeshell gewond is. "Maar hulle het ons nie geglo nie en ons aanhou beskuldig dat ons AWOL [afwesig sonder verlof] was, dat ons glad nie beseer was nie.

"Die korporaals het ons laat markeer-die-pas en dit was erg, want dit was al klaar moeilik om net te loop. Eindelik is ons voor die kolonel op orders gebring en toe crack French. Hy het net begin skree: 'Fok hierdie army en fok dit en fok dat, ek het nou genoeg gehad!' Ek het hom probeer stilmaak, maar hy het net aanhou skree … Ek dink dit was die laaste strooi vir hom."

Die uiteinde van die saak was dat hulle 'n keuse gegee is: bly op 1 SAI of gaan terug Grens toe, terug na Bravo Kompanie toe. Dit was 'n maklike keuse, want hulle was behoorlik gatvol vir die behandeling wat hulle by 1 SAI gekry het.

Dit was vreesaanjaend om weer Noorde toe te vlieg – eers na Grootfontein en toe na Omuthiya om weer by Bravo Kompanie aan te sluit. Hulle ou Peloton 1 het nie meer bestaan nie en hulle is by een van die oorblywende drie pelotons ingedeel. "Die ouens het na ons toe gekom, ons omhels en gesê: 'Ons is bly julle het dit gemaak en jammer oor Robert [de Vito]' … Dit het goed gevoel."

Dit was begin November en hulle het by die kompanie gebly tot hulle almal laat Desember saam gaan uitklaar het. "Ons het nie saam patrollies gestap nie, net daar gesit en wag. Maar die vreemde ding is, niemand het ons ooit uitgevra oor wat met ons gebeur het nie, oor hoe erg dit was nie. Almal het net stilgebly daaroor."

Terug op die paradegrond in Bloemfontein was daar min vreugde tydens die uitklaarparade – net die hartseer van 'n oomblik van stilte vir almal wie se lewens in die Angolese sand uitgebloei het. Ook tydens die lang rit Johannesburg toe in een van die ouens se motor was daar net stilte. Niemand het soos helde gevoel nie. Hul dooie buddies was die helde, die res was net survivors.

Oor een ding het verskeie van die ouens saamgestem: hulle wou fokol meer met die army uit te waai hê.

Marco se ouers was verpletter deur wat met hom gebeur het. Hulle het die restaurant en huis in Johannesburg verkoop en die gesin is sak en pak terug Italië toe.

In Pisa in die skilderagtige Toskane het hulle 'n klein herberg gekoop. "So, ek is van die hitte van Angola na die sneeu van Italië ... Maar dinge het nie uitgewerk nie en skaars ses maande later was ons terug in Suid-Afrika."

Dit was so 'n jaar later toe alles vir Marco moer toe gaan. "Ek het onder my bed gelê en net geskree." In sy kop was hy terug in Angola, terug in die Ratel waar sy vriende se ledemate afgeruk en die metaalromp met hul bloed bespat is.

"My pa het gesê dis stront, ek gee hulle my seun en kyk hoe gee hulle hom vir my terug. Toe is ons Pretoria toe om die grootkoppe aan te vat en oplaas het hulle my gehelp, ek het 'n militêre pensioen gekry en berading is gereël."

Maar die army was nog nie klaar met hom nie: die Regiment Johannesburg het hom opgeroep vir 'n burgermagkamp, maar kon hom nie opspoor nie en hulle wou hom toe in hegtenis laat neem – al was sy mediese status afgegradeer om aan te dui hy is nie geskik vir verdere diens in die burgermag nie.

Vir 'n jaar het hy een maal 'n maand by die Universiteit van die Witwatersrand se mediese fasiliteit gaan aanmeld. "Kommandant Le Roux was my kopdokter. Ons het gepraat, sy het my medikasie gegee en gehipnotiseer. Sy het altyd gesê, 'Jy sal nooit vergeet nie, maar met tyd sal jy genees.' En dis waar, jy moet leer om sterk te wees. In die eerste vyf jaar crack en huil jy en ek het baie gedrink en baklei."

Anders as sommige veterane het hy eers nie geskroom om te praat oor wat hy deurgemaak het nie, "want jy's jonk en stupid en vir my was dit genesend". Tot een aand in 1981 … Hy't gebraai en gedrink saam met vriende toe hulle hom oor die army begin por.

"Maar toe hoor ek een van my vriende sê, 'Ag, daar gaat hy al weer met sy ou oorlogstories. Watse movie het hy gekyk?' En ek swaai om en moer hom net. Van toe af het ek nie meer daaroor gepraat nie. As ouens my oor my beserings vra, het ek vertel 'n drukpot het ontplof."

Hy was nie die enigste nie, sou hy weldra hoor. Martin French, wie se been vermink is toe die 23 mm-kanon deur hul Ratel geskeur het en saam met hom uit 1 Mil ontslaan is, het toe getrek waar hy aan mense vertel het dat 'n haai hom gebyt het.

Marco het wel sy belofte aan sy dooie vriend Robert de Vito gestand gedoen en met sy ouers in Boksburg gaan praat. Robert se pa is later oorlede, maar Marco het kontak behou met sy ma en jonger suster. "Sy is nou 84 en met die ouderdom raak Robert se verlies net swaarder, ek dink dit breek haar hart. Ons bel mekaar heen en weer, sy vertel vir mense ek's haar ander seun en haar dogter Antoinette se ouboet."

Tussen dit alles het Marco met sy lewe aangegaan. As motor-tegnikus gewerk, met sy eerste vrou getrou en kinders gehad. Maar die eggo's van die oorlog wou nie verdof nie. En toe kom sy emosionele redding letterlik uit die blou lug.

As dienspligtige kon Marco, kleinseun van 'n valskermsoldaat, nie die keuring by 1 Valskermbataljon slaag nie. Maar sy broer

Fabricio, oftewel Fuz, het intussen begin spring. En op 'n dag in 1987 sê Fuz: "Jy weet wat Marco, kom spring saam."

Hy het – en hy kon nie wag tot die volgende keer nie. "My kopdokter in browns het juis al vir my gesê ek moet iets doen wat my adrenalien sal laat pomp, ek het dit nodig."

Sy was duidelik reg, want sommer gou was hy verslaaf. "Jy is senuweeagtig wanneer jy in daai vliegtuig se deur staan, jy het vlinders in jou maag, maar dis nie weens vrees nie. Ek flippen love dit, daai rush. Ek het begin met 'n statiese lyn en toe ek en Fuz grond vat, het ons net nie weer opgehou nie. Ag, dit hou my aan die gang."

Saam het hy en Fuz gekwalifiseer om vryval te doen. En saam het hulle 'n span begin wat vandag steeds die ingewikkelde lugdans van formasiespronge in vryvalkompetisies doen. Die span se naam? Die United Nations, nes sy seksie wat in Smokeshell uitgewis is. Elke sprong is vir hom ook 'n huldeblyk aan sy gestorwe broers en toe hierdie boek geskryf is, het hy al meer as 1 400 keer vry deur die lug gesweef.

Sy ander uitlaatklep was musiek. Sy band, Paradox, het in kuierplekke aan die Wes- en Oos-Rand gespeel. Nie boeremusiek soos HP daar in Bloemfontein nie, maar die tipe rockmusiek waarna hy geluister het in die dae voordat Smokeshell sy lewe so handomkeer verander het: Pink Floyd, Deep Purple ... Die musiek van roffelende tromme en kitare wat brul en ween.

Dit het hom help genees, die valskermspringery en musiek. Maar dalk nie honderd persent nie, gee hy vandag toe. Want hy sou nog een groot stap moes neem.

Van haar eie agtergrond weet Pam min, want sy en haar broer is saam deur aanneemouers in Roodepoort grootgemaak. Sy was net

Marco Caforio gereed vir nog 'n vryvalsprong.

nege jaar oud toe die enigste ma en pa wat sy ooit geken het uitmekaar is.

"My ma moes na veertien jaar as huisvrou toe weer gaan werk vir 'n dak oor ons koppe en kos in ons mae. Sy het nooit weer getrou nie en het basies sewe dae 'n week gewerk … Maar ja, hier is ons vandag."

Marco se eerste huwelik het reeds gesneuwel toe hy en Pam mekaar in die vroeë 1990's ontmoet het. Soos die noodlot dit wou hê, by die begrafnis van 'n vriend van Marco se broer Fuz. "En hy wou my daarna nie uitlos nie, hy het my vir omtrent twee maande verpes vir 'n afspraak."

Sy wou eers niks weet nie, maar oplaas het sy ingegee. Hulle is Gold Reef City toe en dit was die begin van hul lewens saam.

Pam is plat op die aarde, iemand wat nie nonsies vat nie, maar in

Marco en Pamela Caforio vandag.

haar hart is daar altyd nog plek. Hul seuns is al uit die huis, maar besoekers moet met haar agt Pug-hondjies meeding vir 'n plek op die rusbank. Almal wesies wat sy een na die ander ingeneem het.

Albei sal erken hul huwelik was ook nie altyd maklik nie. "Die groot ding is liefde," vertel Marco. "En, jy weet, daai ding van 'for better or for worse'. En kyk, ons het ons struggles gehad, maar ons is nou al dertig jaar getroud, so iets is reg, 'n mens moet net werk daaraan. Want ek het my buie …"

Daardie "buie" het elke Juniemaand behoorlik kop uitgesteek, want dan het die geestelike skrapnel van Smokeshell in sy gemoed weer erger gesny. Vir drie, vier dae het hy doodstil geraak en hom van almal onttrek. Pam het hom laat begaan tot hy lus was om weer te praat.

Daarvoor het hy net waardering. "Sy het my altyd ondersteun, nooit gemoan as ek gaan vryval doen of wanneer die band gaan speel nie."

Maar vroeg in hul huwelik het die spookhand van Smokeshell uit die Angolese bos na hom gereik en ook 'n nuwe fisieke tol geëis. Benewens al die ander wonde aan sy liggaam was daar nog 'n stukkie skrapnel in sy oogkas wat die army se dokters misgekyk het. Dit het die oogvloeistof laat uitlek en die oog het "soos 'n rosyntjie opgedroog", vertel Marco.

Hulle het in 'n eenslaapkamerwoonstel in Johannesburg gebly toe hulle eendag besef daar's groot fout. Pam het met die trap afgehardloop na die kafeebaas op straatvlak om te vra of sy die telefoon kan gebruik om Marco se dokter te bel. Hul seun was twee weke oud. Marco was vir agt uur op die operasietafel en uiteindelik is sy oog verwyder. "So ja, dit was moeilik," vertel Pam. "Maar saam byt ons vas deur als. Marco het net een oog, maar dit het hom nooit gekeer om iets te doen nie."

En toe, op 'n dag in 2007 terwyl hy in 'n restaurant sit, lui sy foon en dis 'n stem uit die verlede: hulle gaan 'n Smokeshell-reünie hou by 1 SAI in Bloemfontein, wil hy kom? "Ek sê nee, ek wil niks weet van die army nie, ek het dit afgeskryf. Daardie deel van my lewe is verby."

In sy geestesoog het hy weer daardie oomblik by die braaivuur gesien toe sy vriend hom spot met 'watse movie het jy nou weer gekyk' en hy hom moker. En soos Kelvin Luke, wat sy lewe gered het, altyd sê: Die ouens wat hierdie goed gedoen en beleef het, klink soos kakpraters, want hulle bly stil terwyl die ouens wat niks gedoen het nie al die praatwerk doen.

Toe gaan hy na Pam toe en vertel haar van die oproep en sy sê dadelik: "Nee, Marco, ek dink ons moet gaan, dit kan goed wees." En sy het hom oortuig en toe bel hy die ouens terug en begin opgewonde raak.

Pam is saam met hom na daardie eerste informele samekoms.

"Dit was 'n ongelooflike ervaring, ek sal dit nooit vergeet nie. Ek dink daar was altesaam dertien mense en ek was die enigste vrou. Jy weet, Marco het nooit oor hierdie goed gepraat nie – nes die meeste mans – totdat 61 Meg se veterane begin vergader het. Anders sou hulle seker nog steeds geswyg het."

Dit het haar diep ontroer om te sien hoe hulle vir die eerste keer met mekaar praat oor iets wat dekades gelede gebeur het. "Groot mans wat sit en huil, almal van hulle, daar was nie 'n droë oog in daai vertrek nie. Baie ou wonde het oopgegaan, maar die genesing het begin."

Hier by hul eetkamertafel in Weltevredenpark stuur hulle die herinnering aan daai eerste skouerskuur, soos dit in 61 Meg-veteranekringe bekend staan, heen en weer soos 'n tafeltennisballetjie.

Marco: "Jy weet, nadat ons geskiet is, het niemand ooit daaroor gepraat nie. Almal het net uitgeklaar. En ná soveel jare vertel elkeen nou sy stukkie van wat met hóm gebeur het. Ek, HP, Paul Louw, die ander ouens ... Vir die eerste keer hoor jy wat met elkeen van jou peloton gebeur het, die kak wat ons deurgemaak het, maar waaroor niemand ooit gepraat het nie. En dit het soveel jare geneem om dit uit te kry."

Pam: "As jy dit binne hou, raak dit al die mense om jou. Ja, dit was die apartheidsera en al daai, die geskiedenis en so, maar hoekom kon hulle nie praat oor wat met hulle gebeur het nie, hoekom al hierdie stilswye? As jy dit binne hou, veroorsaak dit net bitterheid."

Dit was ook Pam wat uitgereik het na Marco se ou buddie Martin French en hom vertel het van die komende eerste skouerskuur. Sy was bewus daarvan dat Martin vroeër gesê het hy wil niks met die veterane te doene hê nie, maar sy was vas oortuig dat hy ook sou baat vind daarby om kontak met sy ou army-vriende te hê.

"En hy het als net so gelos en opgevlieg daarvoor. En hulle het die hele nag gepraat en toe hy gaan slaap daardie nag, ervaar hy vir die eerste keer spookpyne. (Mense wat traumatiese beserings aan ledemate opdoen, of ledemate verloor, ervaar daarna soms pyne of jeukerigheid in die ledemaat, maar dit is psigosomaties – daar is geen werklike pyn of ander fisieke sensasie nie.) Sy glo dis iets wat moes gebeur, dat hy daardie trauma moes konfronteer om te begin genees.

Marco: "Ja, almal het begin oopmaak. Selfs Paul Louw. Ek het nooit geweet hoe hy getref is nie, hoe Venter gesterf het en wat gebeur het toe Paul [vir JH Fourie] bo van die Ratel afgetrek het nie … Dit was 'n skok, om vir die eerste keer toe hoor wat met die hele peloton gebeur het."

Pam se betrokkenheid het nie daar opgehou nie. Toe die nuutgevonde 61 Meg Veranevereniging se eerste amptelike gedenkdag in 2010 by die Johannesburgse oorlogsmuseum gehou is – vir alle oudlede van die eenheid, nie slegs die Smokeshell-manne nie – was sy daar. En vir maande het sy vrywillig haar tyd gegee om die stories van oudlede af te neem en te tik vir die veranevereniging se webblad. "Dit het begin met daardie eerste klein groepie en vandag is daar honderde wat jaarliks die gedenkdae en skouerskure bywoon. Als is soveel meer in die oopte."

"Ja," beaam Marco. "Hoe meer jy met ouens praat wat daar was, wat dieselfde deurgemaak het, hoe vinniger genees jy. Jy begin praat en dan word dit net beter en beter."

Hy is seker ook nou al tien of elf jaar lid van die Memorable Order of Tin Hats (Moths) – aanvanklik die veilige hawe van veterane van die eerste twee wêreldoorloë, maar deesdae hier in Suid-Afrika feitlik eksklusief die bomgat van Bosoorlogveterane.

"Jy praat met ouens wat verstaan, want hulle was ook daar. Ek

Die name van die Smokeshell-gesneuweldes op 61 Meg se gedenk-
naald, wat ná die Bosoorlog van Omuthiya na die Oorlogsmuseum in
Johannesburg verskuif is.

sal nooit vergeet wat ek deurgemaak het nie, maar dit word beter,
een tree op 'n slag. En dit is hoe dit is."

Omstreeks 2010 het Marco – soos HP en later ook Paul – sy
kans gekry om sy sê op nasionale televisie te sê. Die geleentheid
was 'n program oor trauma deur die bekende skrywer Rian Malan
en televisieaanbieder Ruda Landman.

Op 'n kol het Marco sy vinger in die kamera se oog gedruk en
aan die generaals in Pretoria gesê: "Julle het ons gebruik en ons
net so gelos, nie eens vir ons medaljes gegee nie."

Dis HP wat vertel die medaljes het 'n paar weke na die program
in die pos aangekom. Dekades te laat, maar darem. Daaroor sê
Marco net: "Dis vir my seuns, sodat hulle eendag kan weet wat
ek gedoen het."

Maar Pam kry die laaste woord in: "Marco het altyd gesê dié wat nie huis toe gekom het nie is die helde. Maar vir my is almal wat daar was helde. Marco ook."

Dit was 2018 toe Marco oplaas ook die fisieke pad terug na Angola aangepak het. Dis moeilik om presies te beskryf hoe besonders daardie geleentheid was. Meer as honderd veterane van 61 Meg en sommige se vroue en kinders in 'n konvooi van bakkies wat die haas onbegaanbare paaie kon aanpak met elke oudbevelvoerder van die eenheid teenwoordig.

Angolese offisiere, regeringsbeamptes en gewone mense het hulle soos hooggeplaastes verwelkom al langs die onthoupaaie van 61 Meg se Bosoorlog. En in die harte van Marco, Kelvin Luke en ander oorlewendes van Smokeshell het die hoop en begeerte gebrand om ook die plek van húl bloedigste dag te besoek.

Maar dit was nie bestem om te gebeur nie. Elke belangrike slagveld is besoek behalwe Smokeshell, want niemand het geweet waar die plek is nie. Praat jy van slagvelde soos Protea tot Askari en Cuito Cuanavale is daar dorpe, riviere, brûe, paaie – kortom, landmerke. Maar die bos het Smokeshell se ligging ingesluk en geheim gehou.

Oplaas het die Smokeshell-broers hul plan laat vaar om van die veteranekonvooi weg te breek en na húlle plek te gaan. Onder 'n boom by 'n verlate Angolese landingstrook, honderde kilometers weg van destyds se doelwit, het hulle houtkruise vir hul gestorwe buddies geplant, met hul arms om mekaar gekniel en gebid en geween. "Jissie, dit was emosioneel," onthou Marco.

Hy het geen bitterheid teenoor die voormalige vyand ervaar tydens hierdie terugkeer na Angola nie. "Dalk omdat ek ouer is en verander het. Hulle het gedoen wat hulle moes doen, nes ons.

Hulle werk was om te veg, nes ons. Hulle het ons soos konings ontvang en dit was goed om hulle te omhels en saam met hulle te huil.

"Dis politici wat oorlog verklaar, nie ons nie. Ons het gedoen wat ons geglo het ons moes doen en hulle ook … Dalk net omdat ons jonk en stupid was. Maar daardie tyd is verby en ons is nou ouer."

Maar ondanks alles sal hy, soos so baie ander veterane, jou vertel: "Ek is spyt oor niks, ek is trots op wat ek gedoen het. Ja, die oorlog was nie lekker nie, maar ongelukkig gaan daar ongevalle wees as jy oorlog toe gaan. Daar's die ouens wat sterf, die ouens wat beseer word, en die ouens wat sonder 'n skrapie huis toe gaan. Als hang af van hoe jy dit hanteer … Die army het my geleer hoe om die moeilike dinge van die lewe te hanteer."

Hy respekteer dié buddies wat niks wil weet van destyds nie, ouens wat sê die army kan sy medaljes druk waar die son nie skyn nie. Vir Marco is die medaljes net belangrik om eendag vir sy seuns na te laat "sodat hulle weet wat ek gedoen het".

Verder lewe hy vir elke valskermsprong, sy vrou wat hom in alles ondersteun, sy musiek en die seuns op wie hy so trots is. Waar hy voorheen oor sy ervaringe geswyg het, kyk hy deesdae die grootpraters in die oë, want hy kan aanvoel wie's die real deal en wie's nie. En hy sê vir hulle: "My man, you've done fuck all."

Pam hou hom real op haar eie, pragmatiese manier. Sy het self al drie spronge gedoen, maar as hy nou gaan spring bly sy tuis, vroetel in haar groentetuin en geniet die alleentyd. "As hy nie gaan spring nie, sal hy my waarskynlik mal maak."

Sy gaan ook nie meer na die groot jaarlikse saamtrekke by die oorlogsmuseum nie, hoewel sy nuwe insigte in haar man het sedert sy hom gehelp het om die sluise van sy gemoed oop te trek en te praat. "Ja, sy was daar van die begin af," beaam Marco. Soms hang sy nog saam uit as die band speel, doen 'n paar danspassies saam met die ander vroue en girlfriends. Maar wanneer sy nie saam is nie, weet Marco: moenie tweeuur in die oggend getrek by die huis aankom van die vliegveld of die gig af nie, dan soek jy moeilikheid.

En Marco het ook geen begeerte om sulke nonsens aan te jaag nie. Hy ken die waarde van sy vrou en lewensvennoot, van wedersydse respek en ondersteuning. "Ek sê altyd: almal is nou weg, die kinders is weg, ek is 63 en sy is 52. Geen bullshit van die verlede nie, dis nou verby. Ons gaan net vorentoe ... Dis nou net ons twee."

Hulle twee en die agt hondewesies oor wie Pam haar ontferm het.

11
PAUL EN LYNETTE

Die swart rook bo die doelwit het verdwyn en toe's dit net die blou lug en die bos wat onder die chopper verbyskuif tot hulle op Grootfontein land.

Grootfontein is een van daai eeue oue kruispaaie. Die San en ander inheemse mense soos die Damaras, Herero's en Ovambo's was eerste daar, maar later het ook die Dorslandtrekkers en Duitse koloniale troepe gekom en gegaan. Nou was dit die groot swaaideur van die Bosoorlog. Hier het die Flossies met hul mae vol vars troepe van die States af geland, of "oumanne" ingesluk vir die vlug huis toe om te gaan uitklaar.

Die militêre hospitaal op Grootfontein was ook 'n halfwegstasie op die lugambulansroete waar dringende operasies gedoen kon word om gewondes te stabiliseer voor die volgende skof na Pretoria. En daar het Paul 'n ontstellende nag deurgebring, "want jy sien net ouens inkom en hoe jong chirurge weens uitputting en min slaap net eenvoudig handdoek ingooi. Hoe 'n dokter sê: 'Ek kan nie meer voortgaan nie' en hy draai om en stap uit."

Een of twee van sy troepe was ook nog daar. Maar die ernstiger gevalle soos HP en Marco was toe alreeds deur Grootfontein en duisende kilometers verder suid in 1 Mil, op die groot Voortrekker-hoogte-basis aan die buitewyke van Pretoria. Gou was Paul ook daar.

Die klankbaan van sy twee, drie weke in 1 Mil sal hy nooit vergeet nie: pasiënte wat skree wanneer hulle snags wakker word weens hul pyn of nagmerries. "Van my eie troepe wat jy eenvoudig net moes vasdruk op die grond en dan moet hulle hom kom inspuit om hom te kalmeer, want hy sal deur 'n glasruit hardloop of homself seermaak … dinge wat jy nooit voorheen gesien het nie."

Dit het 'n geweldige invloed op hom gehad, "want 'n ou dink, jissie, gaan ek ook so raak? Gaan dit met my ook gebeur?" Want ook hy sou baie keer, "derduisende kere deur die jare seker", in die nag wakker skrik. Natgesweet nadat hy die geveg op Smokeshell weer herleef het.

Die grootste verligting was om wel wakker te skrik, om te besef jy's nié terug in 'n brandende Ratel in die bos, omring deur jou dooie of sterwende troepe nie. Dankbaar dat jy darem nie van jou verstand af is nie, "dat jy dit hanteer".

Eers jare later sou hy besef dat sy manier van hanteer dalk nie die regte manier was nie. Maar feit bly, hy het aangegaan en gefunksioneer – iets waarmee sommige van sy troepe vorentoe sou sukkel. Maar die dag toe hy HP, Marco en die ander groet en by die deure van 1 Mil uitstap, was dit nog alles in die toekoms.

So vyf stuks troepe is saam met hom uit die hospitaal ontslaan, maar voor die vlug terug na Ovamboland moes hulle eers na 1 SAI in Bloem. "Toe ek daar aankom, is daar toevallig 'n parade en ek's in my uniform en ek val maar in agter by die light duties en los hande, want jy's mos nou nie 'n iemand nie."

Maar twee senior offisiere aan wie hy altyd as vaderfigure sou dink, het hom tussen die ander raakgesien. Een was Ep van Lill, wat van hom 'n Meg-offisier gemaak het. Die ander was Cassie Schoeman, die oorspronklike bevelvoerder van Bravo Kompanie tot drie maande vóór Smokeshell.

"Toe stap hulle oor die paradegrond en kom haal my uit die squad en vat my na Ep se kantoor. Cassie het my met trane in sy oë gevra: 'Wat het van my seuns geword?' En ek antwoord: 'Presies dit wat jy vir ons gesê het, dit waarvoor jy ons opgelei het. Dinge het deurmekaar geraak, skote het geklap en ouens is dood.'"

Maar daardie bravade het verdwyn toe hy hulle eers alles begin vertel. Dit was moeilike en emosionele oomblikke.

"Jy weet, ek het nie my pa geken nie, maar ek sê altyd vir mense, ek is eintlik baie bevoorreg omdat ek my lewe lank vaderfigure gehad het. En Cassie was een van hulle. Jissie, daai ou het 'n verskil aan my gemaak. Hy het 'n verskriklike positiewe invloed op my gehad. Ek sê altyd vir hom hy moet onthou hy is my Bloemfontein-pa. Vandag nog, as ek hom bel, raak ons stemme dun hier teen die einde."

By die gesprek in Ep se kantoor het dit nie opgehou nie. Na 'n operasie is daar 'n nabetragting, die army se woord vir 'n soort lykskouing. Wat het ons reg gedoen, wat nie? Wat moet ons volgende keer anders of beter doen? Want lesse in bloed geleer is duur en jy mors nie daarmee nie. Oor een kwessie – die brandstof vir die helikopters wat die parabats moes afgooi om Swapo se ontsnaproetes af te sny – het Paul koppe gestamp met een van die swaargewigte van die leër, generaal (destyds kolonel) Witkop Badenhorst.

"Hy het gesê ék was verantwoordelik, ék moes die brandstof op my peloton se log-vragmotor Mulemba toe vat. Toe sê ek: 'Nee, dis nie so nie, dit het in die orders gestaan hý sou dit reël en dis nooit gereël nie.' Hy sê toe: 'Wil jy vir my sê ek lieg?' En ek sê: 'Met alle respek, ja, kolonel, jy lieg.'"

Die feit dat die parabats nie neergelaat kon word om die vlugtende vyand voor te lê nie, het nie die uitkoms van die operasie wesenlik verander nie. Dit het bloot beteken dat daar nie nog meer van die vyand gedood is nie.

Die uiteinde van dié heen-en-weer was dat generaal Constand Viljoen – hy wat Paul daar in Angola oorreed het om eerder na sy gewonde troepe in die States te gaan – met 'n tikkie humor vir Badenhorst 'n brandstofdrommetjie aan 'n sleutelhouer as aandenking gegee het. Vir Paul, wie se optrede tydens die operasie erg deurgetrap is, was dié ironiese gebaar 'n klein persoonlike oorwinning.

Ook onder die loep was verouderde intelligensie, die lugaanval op Smokeshell drie dae vóór die grondoperasie en Paul se besluit om nié sy troepe daar in die droë rivierloop te laat uitstap voor die Ratels oor die wal gery het nie.

Tog het die operasie sy doelwitte behaal ondanks die hel waardeur Peloton 1 in 'n kritieke stadium moes veg, voel hy. "Ons het verliese gehad wat dalk minder kon gewees het as ander besluite geneem is, maar ek dink onder omstandighede het ons goed gedoen teen 'n oormag, met baie ongevalle aan die vyand se kant."

Toe is dit tyd vir die vlug terug Grootfontein toe en van daar padlangs tot noord van Etosha, waar jy eindelik van die teer afklim vir die laaste ent op die wit sandpad tot in Omuthiya. Dit was 'n vreemde en moeilike terugkeer na die basis onder die kameeldoringbome. Al Paul se troepe was lewend en heel toe hy laas daar was, maar nou het 'n halwe peloton hom begroet. En ná die vleismeul van Smokeshell het die dae in die swetende bruin tente of op patrollie in die oondwarm Ovamboland so half doelloos verbygesleep.

"Ek dink hulle het besef die kompanie was maar half uitmekaar geruk, die ouens was stukkend. Ja, dit was sleg gewees, daar was 'n baie negatiewe gevoel na die tyd. Hulle het ons maar net besig gehou vir die laaste twee, drie maande."

Besig bly het beteken patrollies in die Ovambo-trustgebied

bekend as die Mangetti-blok en die plase by Tsintsabis noord van Omuthiya. Op een so 'n patrollie in die uitgestrekte niks van wit sand en stekelrige groen bos het Paul-hulle op 'n Ovambo-vrou afgekom wat in kraam was. Daar in die kraal het hy en die einste Gareth Rutherford, wat op Smokeshell hulpeloos moes toekyk hoe sy buddies sterf, haar baba in die lewe gebring.

Terug op die basis, was die samehorigheid tussen Paul en die troepe nog daar. "Ons het dadelik weer bymekaar gekom en gekliek." Maar oor dit wat hulle so kort tevore in Angola deurgemaak het, oor die name wat nie meer met roll call gelees word nie, het hulle min gepraat. "Ek dink niemand wou regtig weer betrokke raak by 'n gesprek oor die goed nie."

Paul is met nóg 'n oorlewende van daardie hel in die Angolese bos herenig: die hondjie wat hy in die Swapo-loopgraaf gevang het. "Ek kom toe mos terug by 61, by Omuthiya, en hier kom sê die troepe hier's my hond en gee hom vir my." Hulle het hom Smokie gedoop …

Toe die tyd aanbreek om Ovamboland se poeierwit stof finaal van hul stewels af te skud, is Smokie saam. "Ek het hom terug-gevlieg Bloemfontein toe in my rugsak. Ek het my ma laat weet wanneer ons sou land en ek het van die vliegtuig af gestap en die hond vir my ma gegee en gevra sy moet hom by die huis hou. Daar was nie tyd vir lang verduidelikings nie, want ons het toe dadelik in voertuie geklim en gery."

Die laaste maand of wat voor uitklaardag het hulle "êrens langs die Oranjerivier, na Smithfield en Gariep se kant toe, gelê. Bietjie opleiding met lewendige ammo gedoen, visgevang en geswem, lekker gekuier."

Die snellers van die trauma was maar altyd daar – in die rooi hart van 'n braaivuur of die dik dieselstank in jou neus – maar niemand het dit hardop probeer besweer nie. Vir Paul was dit nog maar die begin van wat hy later sy "stil tyd" sou noem, die tyd van nie praat nie. Daardie stilswye sou 28 jaar lank duur.

Vra jy vandag vir Paul of dit vir hom moeilik was om na diensplig aan te pas op civviestraat en aan te gaan met sy lewe sal sy kort antwoord waarskynlik "nee" wees.

Hy skryf dit daaraan toe dat hy in 'n huis met dissipline groot- geword het. Die dissipline van die kommandant-pa wat hy nie geken het nie, maar ook die dissipline geleer van 'n ma wat so te sê alleen haar kinders grootgemaak het. Dis na daardie bekende omgewing in Bloemfontein waarheen hy met sy uitklaarvorm in sy gatsak teruggekeer het. "So, ek het niks van vooraf begin nie, ek het net aangegaan in 'n huis wat verstaan het waaruit ek gekom het."

Daarna het hy begin werk maak daarvan om die man te word van wie hy net goeie dinge gehoor het. Om soos sy pa te wees, "iemand met 'n meestersgraad en 'n kommandant in die leër". Paul het by die Universiteit van die Vrystaat stadsbeplanning begin swot en ook weer sy liefde vir rugby uitgeleef.

"Ek was nie 'n baie slim rugbyspeler nie," spot hy met homself, "ek was maar die groot senter wat almal getackle het." Tog was hy meer as goed genoeg om vir die Shimlas, die universiteitspan, uit te draf saam met manne wat later groot name in Vrystaatse provinsiale rugby sou word.

Uiterlik 'n rustige, joviale ou wat lekker gesels, gelag en gekuier het. Iemand wat nie vasgehaak het by die verlede nie, wat dinge "hanteer" en aanbeweeg het … Maar nie so goed soos hy gedink het nie.

Hy het hom nie vergryp aan alkohol of dwelms soos sommige oorlogsveterane wat ook trauma beleef het nie. Hy het nie ophou funksioneer of medikasie as kruk gebruik of oorweeg om 'n pistool teen sy kop te druk nie.

Wat hy gedoen het, en dit sou hy eers dekades later aan homself kon erken, was om konfrontasie te vermy. "As ek in 'n konfliksituasie gekom het, het ek onttrek. Wanneer ek wel betrokke geraak het, het ek verskriklik aggressief geword," vertel hy meer as 40 jaar later in 'n sonkamer in George, die poort na die Kaapse Tuinroete.

Daar was emosionele snellers soos die vlamme van 'n braaivuur en die reuk van diesel, ja, maar hy het dit geïgnoreer so goed hy kon, geswyg en aangegaan. Hy sou eers deur twee huwelike en die traumatiese verlies van 'n besonderse buddy gaan voordat hy die verlede in die gesig sou begin staar.

Hy was nog student toe hy die eerste keer getrou het, met die suster van een van die ouens wat hy in die weermag ontmoet het. Sy was 'n "verskriklike goeie mens", maar hul huwelik het net vier jaar gehou. Hy het sy tweede vrou ook op kampus ontmoet en toe hy 'n werksaanbod by George se stadsbeplanningsafdeling kry, is sy saam en hulle is getroud. Hulle het 'n seun gehad, maar na net een jaar is hulle ook uitmekaar.

En toe, in Paul se eie woorde, was dit "third time lucky" vir hom.

Reeds as skoolkind in Kempton Park moes sy leer om vir haar naaste mense te veg, vertel Lynette Louw in hul tuin waar boomslange soms die voëls laat skel.

Haar ouer boetie was, in die leketaal van daardie tyd, leergestremd. "Ek onthou hy is altyd gespot as die dom kind, die mal kind ... Ek het verskriklik gefight dat dit nie moet gebeur nie. As ek by die huis kom, is my moue afgeskeur, ek het 'n blou oog en bloedneus, want ek het gefight met die ouens en vir hulle gesê 'my boetie is nie mal nie, hy kan nie help vir wat hy is nie'.

"Maar in daai tyd het hulle ook nie regtig al sielkundiges gehad wat diagnoses gemaak het nie. Ek dink toe ek graad 1 toe is, toe is my boetie al twee of drie jaar in graad 1. Toe sit hy agter in die klas, met 'n kol op sy voorkop. Hy is die esel, en ek sit voor met 'n goue sterretjie. Vir drie jaar het ek hom geleer lees, omdat hy pak gekry het elke keer as hy verkeerd lees."

Dit sou jare duur voordat die gewaarwording gekom het dat hy werklike leeruitdagings het. Intussen was hy onder Lynette se vlerk. "So, hy het nou maar saam met my die pad geloop en my ma-hulle het verwag dat alles wat ek doen, hy saam met my moet doen, want ek kán en hy kan nie."

Dié rol teenoor haar broer noem sy haar saamdra-gevoel, "en of dit nou die rede is hoekom ek en Paul bymekaar uitgekom het weet ek nie, maar dit mag wees".

Eers het sy self deur 'n huwelik gegaan, met 'n mediese student wat sy ontmoet het toe sy fisioterapie op Stellenbosch gaan swot het. Nadat hulle albei afgestudeer was, het hulle ietwat van 'n nomadiese bestaan in die Bosveld gevoer voordat hy 'n pos by George se staatshospitaal aanvaar het en sy by 'n privaat praktyk. Hulle het uiteindelik twee kinders gehad voordat hulle uitmekaar is. Maar sy het lekker op George gewoon en van terugkeer na die ou Transvaal was daar g'n sprake.

Intussen is Paul ook al die tweede keer geskei en besig om – nes sy pa – opgang te maak binne die weermag se kommandostelsel. (Na diensplig moes jy of 'n aantal jaarlikse kampe van twee tot drie maande lank voltooi, of jy moes by jou plaaslike kommando aansluit.) Hy het ook steeds rugby gespeel, en dit was juis 'n rugbybesering wat hulle in 1991 oor mekaar se pad gebring het, maar hul weergawes oor wat daarna gebeur het verskil effens.

Paul vertel dat Lynette hom behandel het en dat hulle eers net vriende geword het, waarna "sy my op 'n dag gevra het om na haar kinders te kyk terwyl sy uitgaan en die vertroue in my, om na haar kinders te kyk, het 'n groot indruk op my gemaak".

Lynette se weergawe is 'n bietjie meer gestroop, soos sy as mens maar is.

"Hy het sy vinger gebreek en die ortopeed het gedink dit is goed dat ek hom behandel, want die ortopeed het vir my 'n man gesoek ... Oraait, en ons het mekaar toe leer ken en ons is getroud."

Hoe dit ook al sy, hul verhouding het ontwikkel en toe begin hulle op 'n kol saambly en dit was goed genoeg vir hulle, want soos Lynette vertel: "Ek loop nie weer daai pad nie, ek gaan nie weer skei nie. Dit was baie traumaties vir my. Ek bly Swiegelaar."

Maar die NG Kerk het nie saamgestem nie en die dominee het opgedaag en gedreig om hulle onder sensuur te plaas "en dat die kleintjies nie Sondagskool toe sou kon gaan nie" indien hulle nie hul samesyn op die voorgeskrewe wyse amptelik maak nie.

Net ses mense was teenwoordig by die blitstroue in hul huis, voor 'n landdrosvriend, om die dreigende kerksensuur af te weer. "Paul en die landdros was al vrolik en warm teen die tyd dat hy ons getrou het, so, dis nog 'n rede om te sê dat ek hierdie ding kan laat nietig verklaar ... want altwee van hulle was dronk," skerts Lynette.

Op 'n ernstiger noot: "Ek sê altyd vir Paul ons is gedwing om te trou en met goeie rede, dit gee vir jou daai stabiliteit. Ek het altyd vir my kinders gesê om saam te bly is baie lekker, maar jy deel nie alles nie. Jy is altyd op jou tone en jy is altyd die beste. Maar as jy trou, dan let go jy so 'n bietjie. Ja, so toe is ons getroud – en dis nou al van 1992 af, so dis 29 jaar."

Aan die begin het Paul sy stilswye oor die bos streng gehandhaaf. "Jy weet, toe ek Paul leer ken het, was hy hierdie verskriklike joviale mens wat net altyd happy was, ek kon nooit sien dat hy enige trauma het nie, dat hy laste dra nie. Hy was net altyd happy. 'n Regte jong man, speel rugby, kuier graag saam met die pêlle, groot vriendekring, dit was 'n baie lekker tyd.

"Hy het my 'n bietjie vertel van Smokeshell, maar dit wat hy gedeel het was so afgewater as jy dink aan wat werklik gebeur het. En hy het dit vertel sonder emosie. Hy het net gesê dis wat gebeur het en dis oor en verby, en hy het net nooit weer daarvan gepraat nie.

"Tot 'n bietjie later ... Ons was toe getroud en dinge het begin settle, en dan kom jy agter daar is sekere tye wat hy miskien terugtrek en ek het geen idee hoekom nie. Dan vra ek en hy sê maar net, 'dis niks nie'. Hoe meer ek vra, hoe meer trek hy terug. Klein goed ..."

Maar Lynette was nie verniet 'n "saamdra-mens" nie. Uit haar ervaring van haar broer en ook die pragmatiese sielkunde van 'n fisioterapeut het sy dinge gesien en verstaan. "Paul is 'n mens wat afhanklik is van erkenning. Hy wil voel dit wat hy doen, is reg. Hy wil heeltyd voel dit wat gedoen moes word, het hy reg hanteer. Eers later het ek besef dis dalk as gevolg van Smokeshell. In homself het hy nog daai denke van: 'Het ek reg opgetree?'

"Sodra ek sê, 'ek stem nie saam met jou oor 'n ding wat ons daar in die tuin wil plant nie', dan was dit vir hom sleg omdat ek sê 'nee' en hy sê 'ja'."

Gesels 'n mens afsonderlik met Paul kom jy gou agter dat hy nie wesenlik verskil van hoe Lynette hom sien nie, al gebruik hulle dalk ander woorde. Maar eers moes hy 'n lang pad loop – en sy saam met hom.

Nadat hy en Lynette onder die wolk van kerksensuur getroud is, vra hy sy ma of Smokie – na wie sy al die tyd gekyk het nadat hy die hondjie in haar arms gestop het – nou maar by hom kan kom bly.

Oor waarom die hond so belangrik was vir Paul het Lynette

weens sy stilswye oor Smokeshell aanvanklik min geweet. "Smokie was 'n basterbrak, maar hy was Paul se hond. Hy het iets van alles in hom gehad, miskien Kubaanse bloed ook. Hy was 'n regte klein keffertjie, maar hy het net oë vir Paul gehad. Hulle het 'n band gehad en ek dink ek was partykeer jaloers op die band tussen hulle twee. Maar Smokie was 'n rondloper en toe het hy eendag weggeraak, rondgeloop en in 'n geveg beland ..."

Paul vertel: "Die hond het by tye, as hy by die voordeur uitkom, bietjie die pad gevat. Partykeer so twee, drie dae weggebly en dan bel mense en sê: 'Paul, jou hond is hier in Blanco.' Of in George-Suid, of waar ook al. Dan ry ek en gaan kry die hond, of hy kom self weer by die huis."

Maar een Vrydagmiddag in 1996 is Smokie, die hond wat die aanslag op 'n Swapo-basis in Angola oorleef het, weer by die hek uit en hy kom nie terug nie. "Die Saterdagmiddag bel ek die DBV [dierebeskermingsvereniging] en verduidelik hoe die hond lyk en hulle sê ja, die hond is by hulle, maar ek kan hom eers Maandag kom kry."

Die Maandag was dit al veels te laat vir sy vierpotige makker. Want Smokie, toe al sestien jaar oud, het eers by die DBV uitgekom nadat straathonde hom gepak het. Amper soos 'n troepie wat te stukkend geskiet was vir die medics om hom te lap.

"Toe ek die Maandag by die DBV kom, toe is daai hond uitmekaar uit," vertel Paul. "Ons het so 'n ou veearts hier in George gehad, dr. Deacon, en ek vat die hond soontoe, maar hy sê toe nee, die hond gaan dit nie maak nie. Toe sê ek, oukei, die hond is baie oud, dan moet jy hom maar eerder uitsit."

Smokie se dood, meer as 'n dekade nadat hy hom as pasgebore hondjie uit 'n Swapo-loopgraaf gered het, was die naald wat die sweer oopgesteek het.

"Toe is ek baie hartseer daaroor, oor my hond wat dit nie gaan maak nie. En ek ry daar van die veearts af weg en ry drankwinkel toe, gaan koop vir my 'n bottel brandewyn ... Ry huis toe en toe my kinders en my vrou by die huis aankom, toe is ek dronk en die hi-fi se klank is vol oopgedraai en Lynette besef ek is nie lekker nie, hier is groot fout."

Daardie dag is ook in Lynette se geheue ingebrand.

"Dit het Paul geknak. Ek stop by die huis en ek hoor net hierdie musiek wat kliphard blêr. Dis baie snaaks, want dis nie Vrydagaand nie. Wat gaan aan? En ek stap in en die kinders sit in die sitkamer, hulle kyk televisie en hulle sê net: 'Sjuut, Mamma. Pollie is in die studeerkamer en hy's baie hartseer."

Pollie was haar jong kinders uit haar eerste huwelik se liefdevolle naam vir Paul. "En ek wonder, wat het nou gebeur? Ek gaan in en daar sit Paul voor sy lessenaar met al sy Smokeshell-goeters om hom uitgepak ... 'n Foto van Smokie en 'n bottel brandewyn en 'n glas – ek dink nie eens daar was Coke by nie – en Pollie huil. Hy is baie hartseer."

En na vier, vyf jaar van getroude lewe het hy haar die eerste keer toegelaat om te weet watter diep seer hy het, die wonde wat hy vir so lank weggesteek het. "Ek het hom toe 'n bietjie begin druk om 'n sielkundige te gaan sien."

Oor Lynette se reaksie oor sy ineenstorting ná Smokie se dood vertel Paul vandag met dankbaarheid: "Sy het nie onttrek nie, sy het die kinders gaan bad en in die bed gesit en ons het gepraat daaroor en sy het my basies aanvaar."

Maar dit was net die begin van die sinkplaatpad na genesing. Eers moes Paul die regte sielkundige kry wat as gids op sy pad kon dien. En dít was 'n soektog, sal albei jou vertel.

"Met sy vorige twee huwelike, omdat daar soveel woelinge in

Lynette en Paul Louw in hul woonkamer in George.

elke verhouding was, het hulle elke keer gegaan vir terapie en dan het dit als om die huwelik gedraai ... dan is daar vir Paul voorgeskryf oor 'dis wat 'n man moet doen, dis wat 'n vrou moet doen, punt'. Daar is nooit dieper gedelf nie."

So, byvoorbeeld, was daar 'n sielkundige in George wat na die ooglopende keuse gelyk het omdat hy 'n kursus in die berading vir oorlogsveterane gedoen het. Volgens haar kon Paul nie regtig die man se gesag aanvaar nie. Tog het hy waardevolle insigte verskaf, onthou Lynette. "In daai sessies, die kere wat ek ingesit het, het hy vir my gesê daar is sekere triggers wat vir Paul laat terugtrek, soos byvoorbeeld die reuk van diesel, groot brande en vure, mense wat baklei, mense wat sê: 'Dis nie goed genoeg nie.' Mense wat sê: 'Dis jóú skuld.'"

Hulle het maar so aangekarring "en daar was baie probleme in ons verhouding ook, want ons kon nie regtig saam groei nie. Daar was baie blokkasies en 'n mens het nie geweet hoekom nie. Op 'n kol het ek my sussie gebel en gesê ek is raadop, ek weet nie meer wat om te doen nie. Dan het haar man altyd gesê: 'Die fokken oorlog! Dis Angola se stories. Dis hoekom Paul nie kan settle nie!' Dan dink ek, 'Rêrig?' Maar hy was reg."

Eenkant en op sy eie wei Paul uit: "Ek en Lynette was by verskeie sielkundiges ... een hier in George het homself uitgegee as 'n 'ontlontingsielkundige'. Ek was by drie sessies by hom, maar dit het gegaan oor hy wat jou half wil kalmeer, half in 'n trance sit, of dat jy moet ontspan en dat jy dan kan begin praat oor die goed. Maar ek kon nooit regtig aanklank vind nie."

Ironies was dit hul huweliksprobleme, eerder as sy oorlogtrauma wat die regte gids oor sy pad gebring het. "Ons kom eendag by 'n vrou – sy gee haarself uit as 'n huweliksberader – maar sy het obviously sielkunde gedoen." By haar het hy geleer die huwelik is soos twee parallelle lyne. Soms beweeg die een weg weens iets wat gebeur, maar dan weer nader wanneer die probleem opgelos word, en dis oukei. Want as julle lief is vir mekaar, dan bly julle lief vir mekaar. Solank jy nie toelaat dat die twee lyne te ver uitmekaar beweeg nie – en dis wat gebeur wanneer hy onttrek.

"Dit het Lynette verstaan, om 'n fisioterapeut te word moes sy mos ook sielkunde hê. En elke keer as ek onttrek, sê Lynette: 'Jy kan onttrek soveel soos jy wil, maar ek kom saam!' Ek het eendag net my tas begin pak en sy kom ingestap en vra: 'Waar gaan jy?' En ek sê ek gaan nou weg, ek gaan net in my kar klim en ry. En sy haal ook 'n tas uit, begin te pak en sê: 'Dan gaan ek saam.'"

Soos gewoonlik het Lynette 'n pragmatieser verduideliking: "Die huweliksberader het die regte aanslag met Paul gehad. Sy is hierdie bolletjie mens en sy sal vir hom sê: 'Ag nee wat, Paul, jy is betokkeld vandag.' En sulke goed, komende van 'n klein vroutjie, het hom veilig laat voel om te sê wie en wat hy is en hoekom ... Sy kon vir ons baie dinge verduidelik oor die trauma, hoe dit gewerk het." Deur alles, die hele wipwarit van emosies en die kere toe hy elders erkenning gaan soek het ("want Paul is maar 'n charmer") het sy by hom bly staan. Hom nooit weer toegelaat om alleen met die verlede te worstel nie. "As ons 'n probleem het, sê ons: 'Dis die probleem', gaan sit en praat daaroor, en sê: 'Oukei, wat is die oplossing?'"

En toe, op 'n dag in 2008 lui sy telefoon.

Dit was HP Ferreira, sy Rateldrywer wat so stukkend geskiet was dat hy aanvanklik in die ongevalleverslag as dood aangegee is. Destyds het hy instinktief vir Paul deur die koeëls probeer volg. En nou was dit hy wat na Paul uitgereik het om daardie eerste saamtrek van Smokeshell-veterane in Bloemfontein by woon. "Hy het gesê dit sal vir hom baie beteken. En ou HP is 'n ou wat 'n mens nogal kan motiveer!" reken Paul.

Onwetend had HP 'n bondgenoot in Lynette. Want die vrou met die helende hande van 'n fisioterapeut en die insigte van 'n sielkundige het instinktief geweet dit gaan die volgende groot stap op Paul se reis na vrede wees.

Toe Paul begin hiernatoe en daarnatoe was dit sý wat gesê het: ons gáán! "En dan trek hy kop uit en dan sê ek: 'Ek gaan saam. Ons gaan, al gaan jy net tot in Bloemfontein.' En so het hy stelselmatig gewoond geraak aan die idee, en hy het gegaan, en daai eerste jaar was ... Hulle was so bly om vir Paul daar te sien. Dit was regtig 'n emosionele ding."

Na 28 jaar het die damwal gebreek. "Toe ek en Lynette daar by 1 SAI uit die kar klim en ek sien hierdie klomp ouens daar, nè ...

166

jissie, dit was nogal 'n groot keerpunt," vertel Paul. "In die sin van: dis nie net ek wat die cowboys don't cry-ding geglo het nie."

Cowboys don't cry. Die tawwe tienie-houding wat van kindsbeen af by soveel Suid-Afrikaanse mans ingedril is. Jy wys nie jy het seer nie, jy gaan net aan. Maar daardie dag het hulle almal gehuil en gepraat en nogmaals gehuil. Paul, HP, Marco en talle ander. Want cowboys mag maar.

Ook een van Paul se vaderfigure, Cassie Schoeman, vir wie hy "die wêreld se respek het as 'n militêre leier". Paul gaan voort: "En hier staan hy en huil soos 'n kind. En so what? Ek sê nie vandag Cassie Schoeman is 'n swakker mens omdat hy gehuil het nie; inteendeel, ek dink hy is 'n mens-mens. Hy is 'n leier wat sy emosies wys. En dit is vir my belangrik."

Daardie naweek het hulle as groep oor hul emosies en nagmerries gepraat soos nog nooit tevore nie. Veilig in die wete dat jy praat met iemand wat dieselfde deurgemaak het, wat verstaan, wat nie oordeel nie. Wat destyds ook maar bloedjonk en bang was.

"En ons het teruggekom en Lynette het vir my gesê: 'Maar weet jy, jy is 'n ander mens. Jy is nie meer dieselfde as wat jy voor die tyd was nie. Jy is openliker en wil deelneem aan gesprekke. Jy skram nie heeltyd weg van 'n redenasie of 'n potensiële konflikding of argument nie. Jy raak eintlik op 'n mooi manier betrokke by die argument en jy maak dit eintlik aanvaarbaar vir almal."

Die Bloemfontein-saamtrek op 10 Junie het 'n jaarlikse instelling geword vir dié wat by die aanval op Smokeshell betrokke was. En kort daarna ook die jaarlikse gedenkdag vir alle 61 Meg-veterane en gesinne in Augustusmaand. Paul het albei gereeld begin bywoon. Die behoefte aan formele berading het toe weggesmelt, glo Lynette, "want hy het homself miskien in 'n mate reg gepraat by die reünies met die veterane".

Weer is sy en Paul op dieselfde bladsy. "Ek sê dit in alle opregtheid: ek dink ek's baie bevoorreg om te kan praat oor die goed. Mense verwerk hierdie dinge op verskillende maniere. Party het medikasie nodig, ander wil terug bos toe en daar bly. Ek sê weer kom uit die bos uit, maak net oop. Wat gaan jy verloor? Gaan ouens sê jy's mal? So, oukei, as iemand sê jy's mal, so what? Hulle ken jou nie. As iemand vir my sê jy's nie lekker in jou kop nie, dan sê ek: 'Ek weet dit en niemand is lekker in die kop nie.' G'n mens op hierdie aarde is normaal nie.

"Ek is 'n voorstander daarvan dat mense moet praat oor die goed. Vergeet van die manne-ding! Die lewe is te kort om al hierdie emosies te onderdruk en alleen swaar te dra daaraan, vir my is die oplossing om te praat."

In 2010 het Paul, nes HP en Marco, aan Ruda Landman se televisiereeks oor trauma deelgeneem nadat Gert Minnaar – 'n stigterslid van die 61 Meg-veteranevereniging – haar op sy spoor gesit het. En dít het weer veroorsaak dat familielede van ander veterane hom gekontak het om sy hulp te vra om die muur om hul eie geliefdes af te breek. "En weet jy, my gevoel is dat as ek net een mens kan help, dan is als die moeite werd."

Dan kon hy soms met 'n lang telefoonoproep of besoek die persoon se voete op die genesingspad plaas of 'n familielid help om afsluiting te kry. Soos die dag in 2010 toe 'n gholfmaat so tussen die putjies deur vir hom sê: "Hoor hier, daar is 'n tannie Kruger wat bitter graag met jou wil praat …" Sy was die ma van korporaal Paul Kruger, die gimkana-Springbok wat op Smokeshell dood is nadat hy nie verlof kon kry vir 'n internasionale toernooi in Suid-Afrika nie.

"Sy was van die Oos-Kaap, Grahamstad of êrens, en die nuus van haar seun se dood het haar verpletter. Sy het destyds geweier om met Louis Harmse en die kapelaan te praat toe hulle by haar huis opdaag en toe onttrek sy haar heeltemal aan haar kerk en gemeenskap. Sy het basies 'n kluisenaarsbestaan begin voer." Maar toe sien sy Paul op Ruda Landman se program oor Bosoorlog-trauma. En sy reik na hom toe uit met behulp van Paul se gholfmaat, Johan. "Hy het vroeër op dieselfde dorp as sy gewoon. Johan het haar nommer vir my gegee en toe het ek en sy 'n lang gesprek oor die foon gehad.

"Aan die einde daarvan sê sy toe sy vergewe almal vir die seer om die res van haar lewe sonder haar seun te wees en sy gaan ook terug na haar kerk toe. Sy het selfs vir my 'n foto van Paul se graf gestuur. So dit wys net weer, al kan mens net een persoon help deur te praat en luister, wel, dan is een meer persoon gehelp."

So kon hy danksy Marco al met die gesneuwelde Rob de Vito se ma en suster praat, en hy het ook 'n oom van Piet Joubert ontmoet. Maar ander, ook Smokeshell-veterane, onttrek steeds en worstel só met die verlede dat hulle beswaarlik 'n werk- of gesinslewe kan volhou. "Daar is ouens wat ek nog weer wil gaan sien en probeer help," sê Paul.

Ander dele van sy lewe het ook nie stilgestaan nie. Hy het 'n meestersgraad in stadsbeplanning verwerf en (só sal Lynette jou vertel) in sy hart 'n militaris gebly. As tweede-in-bevel van die Knysna-kommando was hy diep betrokke by onder meer landelike veiligheid en die bestryding van bergbrande. 'n Man met 'n graad en 'n senior burgermagoffisier – nes sy pa, die man wat hy altyd wou wees.

Watter invloed het Smokeshell op hom gehad?

Meer as veertig jaar later antwoord hy: "In die eerste plek, die waardering van menselewens. Ek wil amper sê, hierdie laaste tyd van my lewe het ek maar 'n sagte hartjie gekry. Smokeshell het my laat besef dat 'n ou se lewe in 'n oogwink kan verander en dan ontstel dit my as ander mense dit nie kan insien nie.

"Die arrogansie van mense oor die lewe, jy weet hoe hulle onverskillig met 'n voertuig of vuurwapen optree. Of as stadsbeplanner, wanneer daar arrogante besluite geneem word wat mense se lewens negatief raak en die houding is: 'Man, dit maak nie saak nie, die mense sal maar net moet aanpas.'

"Maar Smokeshell het my ook geleer om aan te gaan, maak nie saak hoe sleg jou omstandighede of dinge rondom jou is nie. Ondanks alles het ons sterker uit die weermag gekom danksy ons opleiding en omdat ons geleer het om te volhard, dit het ons volwasse gemaak."

Paul se pad met trauma en sy besluit om na dekades oop te maak daaroor, bevat vir hom waardevolle lewenslesse. "Ek dink dit het my geleer – en dit het 28 jaar geneem – om te redeneer oor 'n ding totdat jy en iemand anders by dieselfde oplossing uitkom. Dié van ons wat destyds aan operasies deelgeneem het, het dit gedoen omdat jy dit móés doen. Jy het opdrag gekry, jy moet die opdrag uitvoer, dis dit. Dis hoe jy grootgemaak is, dis hoe jy opgelei is.

"As jy jonk is, dan voel jy mos jy kan deur 'n muur hardloop. Maar daar is slimmer maniere om aan die anderkant van die muur te kom. Ek het geleer om te dink oor 'n situasie en om na ander oplossings te soek vir potensiële situasies wat drama kan skep, wat argumente kan skep … Dis nie goed wat ek dadelik besef het nie.

"Tot en met 2008 wou ek nie oor Smokeshell praat nie, want dit het vir my gevoel ek was verantwoordelik vir die dood van twaalf mense. Totdat ek weer met die ouens wat saam met my daar was begin praat het en begin besef het, hulle dink nie so nie … Wel ek kan verkeerd wees, dalk is daar ses of tien wat dink ek was die oorsaak van daardie twaalf se dood. Maar daar is ander ouens wat sê: 'Nee Paul, dit is nie so nie. Ons was saam met jou daar, dis wat gebeur het en ons stem saam, jy was nie verantwoordelik daarvoor nie.'

"Die feit dat ek in 2008 weer daaroor begin praat het, het gehelp om my skuldgevoelens te verminder. Ja, ek het myself onder kruisverhoor geneem na die tyd, duisende kere. Ek het gedink as ek eerder dít gedoen het, sou dát gebeur het ... Maar wat gebeur het, het gebeur. Daar kon ook groter verliese gewees het."

En bowenal is die bande wat hy vier dekades later met sy bloedbroers het "van oorweldigende betekenis" vir Paul.

'n Voetnota van Lynette: toe sy hom in 2008 na daardie eerste Smokeshell-saamtrek in Bloemfontein vergesel het, was sy nie teenwoordig by die lang en emosionele gesprekke tussen hom en sy oudmakkers nie. Maar sy was daar vir hom wanneer hy saans na hul gastehuis teruggekeer het.

Toe, in 2020, kon die nasionale gedenkdag in Augustus weens die pandemie nie by die Johannesburgse Oorlogsmuseum plaasvind nie. Die alternatief was 'n klomp klein saamtrekke in streeksverband, want 61-veterane is oor die land verstrooi. Paul het die Suid-Kaapse saamtrek gelei en vir die eerste keer het sy eerstehands gehoor hoe hy teenoor ander veterane oopmaak.

"Hy het vertel presies wat verkeerd gegaan het, hoekom hulle op die verkeerde plek op die verkeerde tyd was, maar hy het niemand die skuld gegee nie. Hy het vertel van die gebrek aan ondersteuning, berading en terapie deur die weermag, maar hy het nie gesê: 'Die weermag was sleg' of 'dis hulle skuld dat ek is soos ek is' nie. Hy het nie hierdie haat vir die weermag soos party ouens vandag nie.

"Vir die eerste keer het ons alles gehoor en verstaan – ek en my skoonsussie en my skoonma. Dis asof Paul regtig berusting gekry het.

Die bloedbroers by 'n Smokeshell-saamtrek in Bloemfontein, 2017.
Van links: Peter Brent, Marco Caforio, Paul Louw en HP Ferreirra.

Hy's een van die gelukkige mense wat daar uitgekom het. En ná al hierdie jare, elke keer wanneer hy van hierdie 61 Meg-reünies terugkeer, is dit asof hy meer berusting het."

In Paul se woorde: "Praat is mý medikasie."

Toe kry hy eendag nog 'n onverwagse oproep. Dié keer van nou afgetrede generaal Johann Dippenaar. En hy hoor die verstommende woorde: "Is jy reg om terug te gaan bos toe, na Smokeshell?"

12

ANDER PAAIE NA GENESING: GARETH EN JAN

Hulle was die gelukkiges, twee van net twaalf ouens in Paul Louw se Peloton 1 wat sonder 'n skrapie deur die hel is.

Gareth die medic en filosoof wat altyd sy gemoed op papier uitgestort het; en Jan die drywer wat wis hy moet weens sy disleksie sy eie pad deur die lewe oopkap. Twee uiteenlopende ouens wat deur die army saamgegooi is. In dieselfde seksie en dus in Ratel 21B, die enigste van die peloton se vier karre wat nie deur die vyandelike lugafweerkoeëls opgekou is nie. Twee survivors – en steeds in Angola nadat hul dooie en beseerde buddies deur die choppers afgevoer is.

Fisieke wonde het hulle nie gehad nie, maar geen jong gemoed word ongeskonde gelaat deur dit wat hulle deurgemaak het nie. Adrenalien en angs het plek gemaak vir doodse uitputting, gevolg deur skok, woede en rou. Veral Gareth, wat so hard probeer het om sy sterwende makkers aan die lewe te hou, het geworstel om sin te maak van wat gebeur het.

Vir die pragmatieser Jan was dit ook, in sy sterkste woorde, "baie sleg". Direk na die operasie het albei daarna gesmag om net weg te kom, maar hul werk was nog nie klaar nie. Die loopgrawe, bunkers en uniformsakke van die dooies is deursoek vir dokumente, briewe, foto's en ander persoonlike besittings wat inligting kon bevat. Tonne wapens en ammunisie van alle soorte is gesorteer en op vragmotors en choppers gelaai om suidwaarts geneem te word. Daar was die nimmereindigende werk om alles van persoonlike toerusting tot Ratels skoon te maak en diensbaar te hou. Voetpatrollies onder die snikhete son bedags en wagstaan in die koue nagte.

Een nag was daar die adrenalienskok van mortiere wat uit die omringende bos op die 61-laer afgevuur is en knetterende AK-47's. Gareth het soos 'n haas onder die Ratel ingeduik, waar sandsakke tussen die wiele vir ekstra beskerming gesorg het. "Maar die bats het hulle gou verjaag." (Die bats – die "vermiste" valskermsoldate wat intussen met Buffels by die doelwit opgedaag het – was rondom die 61-laer ingegrawe.)

En soos dit maar altyd gaan, was daar mettertyd ook verveling en rumours: ons gaan nog 'n aanval doen; ons gaan verder noord. Dan later: nee ons gaan nie.

Ná omtrent 'n week, vertel Jan, "raak ons voorrade min en toe sê hulle ek moet die konvooi begelei, terug oor die grens om te gaan diesel kry en kos en so aan. En nou ja, jy het mos nie eintlik 'n keuse nie."

So is hy en Gareth en die ander van hul seksie toe saam met die logistieke konvooi suidwaarts, oor die grens en tot by Ondangwa aan die Suidwes-kant. En vir die eerste keer in twee weke kon hulle luukses soos 'n warm stort en 'n koue bier, 'n bord gekookte kos en 'n fliek geniet. "Om veilig te voel terwyl jy slaap, was fantasties," vertel Gareth.

Alte gou was hulle op pad terug na die veggroep in Angola. Maar 'n Eland-pantserkar raak onklaar en tot Jan se ergernis moet hy "daai blêrrie draadkarretjie" met sy Ratel verder sleep. Toe, om 'n draai, loop dinge skeef en die pantserkar tref 'n boom en word so beskadig dat dit nie meer gesleep kan word nie.

Daar was nog slegte nuus vir Jan, Gareth en die res van hul seksie: die 61-laer was nog 20 km weg. Die logistieke konvooi gaan aanstoot, maar iemand moet by die beskadigde pantserkar agterbly om dit op te pas. Raai wie?

"'Ons kom julle nou-nou weer haal,' het daai een sersant nog gesê, maar ek het sommer geweet ons gaan hulle nie weer sien nie," onthou Jan. Hulle het begin regmaak vir wat de hel ook al. Met sandsakke is 'n klein fort onder die Ratel geprakseer. Die 20 mm-kanon en die Browning is gelaai, ook die pantserkar se 90 mm-kanon en sý Browning.

Jan se voorgevoel was reg. Dit het skemer geword en toe pik-donker, maar niemand het hulle kom haal nie. 'n Lang, bitter koue nag het gevolg. "Daar sit ons, net die twaalf van ons, in die middel van die Angolese bos, met Swapo's oral," vertel Gareth. "Ons moes absoluut stil wees, geen vuur of ligte nie."

Vir Jan was die duisternis vol gevaar.

"Die ouens lê so twee-twee en ons maak beurte om wag te hou. Daai nag was ek so bang, jy begin dinge te sien. Maar jy weet jy kan nie net skiet nie, want dan weet hulle waar jy is. Nou lê jy en dan sien jy iets beweeg, maar jy weet nie wat nie en jy kyk en kyk en naderhand kom daar 'n blêrrie bees uit die bos gestap."

Jan het die nag omgebid en die son was al hoog die volgende oggend toe hy uiteindelik die dreunsang van naderende Ratels hoor. Die verligting was onbeskryflik.

Nog lang dae van voetpatrollies en onderhoudstake het gevolg. En daarmee saam verveling en nogmaals rumours.

Oplaas verlaat die veggroep Angola en keer terug na Omuthiya. Daar's 'n parade deur Tsumeb se hoofstraat met die ou kopermyn-

Gareth Rutherford by die wrak van Paul se
Ratel 21, agter op 'n tiffie-vragmotor.

Gareth Rutherford (regs) en 'n vriend veilig terug by Omuthiya na Smokeshell.

skag aan die een punt en die Duitse koloniale kerk aan die ander punt. In 'n groot tent het die dorpstannies met tuisgebakte koek en tee reggestaan.

Gareth was so verlig om terug in Omuthiya te wees. Daar was die seer van al die leë beddens in Peloton 1 se tente, ja, maar ook die blydskap om Paul Louw, Marco Caforio en die ander wat gewond was, weer te sien.

Tog was daar in daardie laaste, rustige weke van patrollies ry in die Etosha-omgewing ook bittersoet oomblikke. Die plaasmense was so gasvry soos altyd en het die troepe met lekker kos bederf. Daar was die helder volmaanaand in Etosha toe Jan in 'n gesonke skuiling, met 'n betondak net bo grondhoogte, by 'n watergat gesit het. "Dan kom die olifante en hulle loop bo-oor die skuiling en jy sien so deur 'n skreef hulle groot voete net voor jou gesig en dit voel so nice."

Maar eendag kom hulle by 'n plaas waar hulle vóór die aanval op Smokeshell ook patrollies gery het. "Die oom en tannie herken ons en wil toe weet hoekom daar hierdie keer so min van ons is … en toe vertel ons hulle hoekom. Daai tannie kon net nie ophou huil nie."

Eindelik het die dag aangebreek om in die groot ystermaag van die Flossie te klim en States toe te vlieg. Om te gaan uitklaar en met die res van hul lewens aan te gaan so goed hulle kon.

Hul lewensreise sou baie verskillend wees.

GARETH RUTHERFORD

In die leefvertrek van die meenthuis in die skadu van Swellendam se Langeberge blaai die voormalige ops medic rusteloos deur die vergeelde dagboek waarin hy vier dekades gelede sy gemoed uitgestort het.

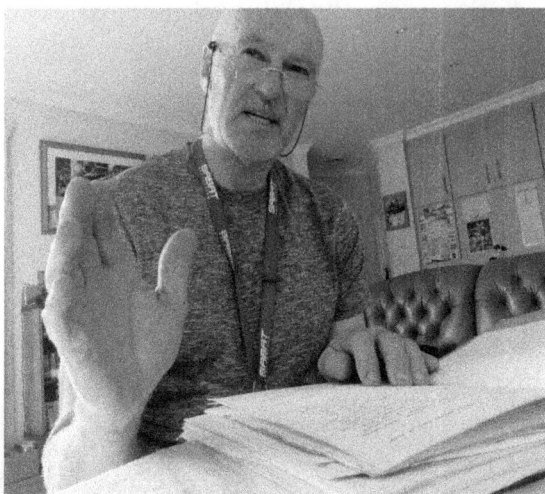

Dekades na Smokeshell raadpleeg Gareth Rutherford
weer sy oorlogsdagboek.

Gareth lees hier en daar uit die dagboek voor met 'n stem wat
styg en val, styg en val. Maak jy jou oë toe, klink dit kompleet
soos 'n radiodrama. Dan maak hy die dagboek oop by die
motiveringskaartjie wat Johann Dippenaar voor die aanval aan sy
vegspan gegee het. Dis besmeer met die bloed van sy buddies wat
hy probeer red het en al langs die kante het hy die dooies se name
met 'n blou balpuntpen neergeskryf. Een naam wat hy later weer
doodgekrap het is HP s'n, wat toe nie dood was nie.

Vir die grootste deel van sy lewe ná Smokeshell het Gareth met
intense skuldgevoelens saamgeleef. "Dit het my dertig jaar geneem
om te besef dis nie ék wat hulle doodgemaak het nie ... Tyd het
hulle doodgemaak, hulle het binne gebloei."

Hoe hy eindelik by daardie slotsom uitgekom het, is 'n
dramatiese verhaal op sy eie. Sy skuldgevoel is vererger deur die

Honoris Crux-medalje, destyds Suid-Afrika se hoogste eerbewys vir dapperheid, wat aan hom toegeken is.

Hy onthou die dag toe hy dit die eerste keer gehoor het. Nadat hul kompanie finaal van die Grens af teruggekeer het, in die laaste weke voor hul uitklaardatum, is hulle na die uitgestrekte Lohatla-opleidingsterrein in die Noord-Kaap gestuur. Daar is Gareth die medic in die ongewone rol van kok aangewend. "Ek was mal oor kook. My ma het my geleer en ek het altyd met passie gekook."

Gareth was juis doenig met die kosbakke in die veld toe die kompanie aangetree word. "Kaptein Harmse het ons daarna vir die eerste keer oor ons optrede tydens Smokeshell gekomplimenteer, vreemd genoeg het hy dit nooit voorheen gedoen nie. En toe kom dit: 'Die Honoris Crux is aan onderkorporaal Rutherford toegeken.'

"Ek het links en regs gekyk en geglimlag, want ek het gedink dis 'n grap. Ons het almal gewag dat nog name uitgelees word, maar daar was niks. (Die Honoris Crux is ook aan Peter Brent, wat hom daar op die doelwit kom help het om die gewondes te versorg en te vertroos, aangebied, maar hy het dit van die hand gewys. Brent, wat deesdae in Brittanje woon, het gesê hy sou dit slegs aanvaar indien die hele peloton dit ontvang.)

Gareth het nie geweet hoe om te voel nie. "Ek was bly, verstom, verward, trots, alles gelyk. Ek het vorentoe getree, die kaptein het my hand geskud en 'n paar ouens het flou hande geklap."

Hy het nie eers geweet hoekom dié eer hom te beurt val nie, want geen getuigskrif is uitgelees nie. "Die hele kompanie het toe weer in hul voertuie gaan klim. 'n Paar ouens se 'welgedaan' is in die algemeen soort van kil ontvang, niemand het gecheer nie."

Hy het die kosbakke op die kombuislorrie gelaai, "dit was al na vyfuur", en toe besluit om die 5 km terug kamp toe te hardloop "sodat ek kon dink. My gedagtes was in 'n warboel … Ek het

Gareth Rutherford ontvang die Honoris Crux-medalje vir dapperheid van die destydse eerste minister, PW Botha.

verby ons kamp gehardloop en verdwaal. Dis toe dat ek besef die medalje is vir wat ek vir die sterwende ouens daar in die bos gedoen het."

En toe die gedagte wat so lank aan hom sou vreet: "Waarom het ék bly lewe?"

Hy het aanhou hardloop sonder om te weet waar hy is en toe dit begin donker word op 'n klompie kampers (burgermagsoldate) afgekom. "Hulle het my 'n bier gegee en ek het hulle vertel wat pas gebeur het ... Hulle, totale vreemdelinge, het my gecheer asof ek een van hulle was. Hulle was so gaaf."

Hulle het hom toe terug na sy eie kamp geneem, maar van daardie rit, so 8 km met die stofpad langs, onthou hy niks. "Ek was swartgallig, verlore in my eie gedagtes. Ek het verward gevoel omdat ek beloon word terwyl my buddies, die onbesonge helde, dood was."

In 1981, die jaar nadat hy en sy kompanie uitgeklaar het, steek

PART A. - RECOMMENDATIONS

1. No. 75245985 BG .... Rank: Lance Corporal ... Full names and
    military post-nominal titles ..... Gareth Timothy Rutherford ....
    Unit .... South African Infantry Battalion ....
    Corps ... South African Infantry Corps.

Action for which commended: During the attack on Smokeshell in June 1980.
Lance Corporal Rutherford gave medical assistance to his section and
other members of the platoon, three of whom were still alive and four
members having died of wounds.

He had to move approximately 40 metres from his own vehicle to where the
injured were and whilst doing this he had to fight the enemy, who were
hidden in the trees and bushes between himself and the injured. When he
reached the injured, who were still under enemy fire, he immediately com-
menced giving them medical assistance.

Lance Corporal Rutherford then returned to his vehicle, whilst still under
enemy fire, to salvage his medical kit, so that he could continue to render
first aid. He applied intravenous drips to the wounded in spite of the
fact that he knew two of the seriously wounded, Riflemen Warrener and Madden,
would not survive. He then proceeded to encourage the survivors whilst
the battle was still raging about him.

It is recommended that the Honoris Crux be awarded to Lance Corporal
Rutherford for his act of bravery in leaving his vehicle, where he was
sheltered from enemy fire, and fighting his way through the enemy to render
medical assistance to his comrades, thus saving their lives and boosting
their morale.

Die aanbeveling vir Gareth se medalje. Hy sou eers dekades later hoor
Paul Louw het dit geskryf.

die destydse eerste minister, PW Botha, die HC aan sy bors
vas tydens 'n medaljeparade in Bloemfontein. Sy trotse ouers is
spesiaal na die Vrystaatse hoofstad gevlieg, hotelverblyf gegee vir
die geleentheid en onthaal. "Hulle het PW, Magnus Malan en al
die ander grootkoppe ontmoet. Vir my, 'n doodgewone lance jack
[onderkorporaal], was dit baie scary. Ek het onwaardig gevoel en

ek het die heeltyd aan die dooies se families gedink."

Want mens vergeet nooit die reuk van bloed nie en jy sien die gesigte van die sterwendes in jou nagmerries en hoor hul laaste woorde, oor en oor. Maar hy het aangegaan met sy lewe en dit saam met hom gedra, soos soveel ander van sy generasie. Ook vir Gareth sou daar baie jare later 'n draaipunt kom – en ironies sou 'n ander verwoestende en bloedige oorlog weer 'n rol speel.

Op 11 September 2001 het die terreurgroep Al-Kaïda vliegtuie vol mense soos missiele teen New York se World Trade Center en die Pentagon in Washington, DC vasgevlieg. En in Maart 2003 het Amerika uit weerwraak Irak binnegeval en die diktator Sadam Hussein omvergewerp.

Gareth, wat teen hierdie tyd 'n agtergrond in siviele ingenieurswese gehad het, was een van baie Suid-Afrikaners wat die geleentheid aangegryp het om kontrakwerk in die verwoeste Irak te gaan doen. Die geld was goed, maar die land was basies nog 'n oorlogsone – al het die Amerikaners hulself reeds as oorwinnaars verklaar. "Irak was net crazy, dit was so gevaarlik. Dis verstommend dat ek nog leef."

Oor 'n tydperk van vyf jaar het Gareth homself opgewerk tot die logistieke en operasionele bestuurder van 'n Britse maatskappy se projekte in Irak. "Ander het padgegee uit die land, ek het gebly. Soos almal het ek tasse vol kontant rongedra om vir wat ook al te betaal, dis hoe dit gewerk het daar."

Hy het hom daarop geroem dat hy enige deal of projek kon maak werk, maak nie saak wat die uitdagings of gevare was nie. Roekeloos en arrogant, cowboy-agtig maar doeltreffend, is hoe hy homself in daardie era beskryf. Sy reputasie en sy Britse werkgewers s'n was immers op die spel.

Maar in die proses het hy onwetend op invloedryke en korrupte rolspelers se tone getrap, glo hy vandag. Want tien jaar in 'n Midde-Oosterse tronk was nooit deel van die wedstrydplan nie.

In 2008 het hy gereeld vrag tussen Basra en die naburige Kuweit gekarwei. "Eendag bel 'n besigheidskontak en vra ek moet oorkant die grens in Kuweit gaan sementmonsters oplaai." Hy het ingestem, want hulle het reeds miljoene dollers se kontrakwerk met dié maatskappy vasgeknoop gehad.

Hy het die sementmonsters gaan laai, vertel Gareth, maar ook 'n vrag ou run flat-motorbande saamgeneem om te laat herstel. Maar toe hy soos soveel keer tevore by die werkswinkel stilhou, wag die polisie vir hom … en hulle kry dagga binne-in die bande.

Gareth hou tot vandag toe vol hy was onskuldig, dat 'n strik vir hom gestel was. Maar die hof in Kuweit het anders besluit en hom lewenslank tronk toe gestuur weens dwelmhandel. "Ek was die sondebok … Die Britse maatskappy waarvoor ek gewerk het, moes gevolglik uit Irak onttrek, my vrou en jong seun moes met die skande van dit alles saamleef."

Hy werk al geruime tyd met 'n spookskrywer aan 'n boek oor sy ervaringe in die tronk, want daar het hy – nes tydens die Bosoorlog – sy gemoed op papier uitgestort. Kortom: hy was weer in 'n donker gat. "Jy weet nie hoe dit daar voel voor jy nie self daar is nie, om letterlik heel onder aan die leer te wees met net mooi niks nie," som hy dit op.

Sy tyd in die tronk het hom sy huwelik en verhouding met sy seun gekos. Maar gaandeweg het sy oë vir ander dinge oopgegaan. "Daar was so baie doodgewone mense in die tronk wat niks gehad het nie, maar hulle was ongelooflik goed vir my. Wonderlike vriende by wie ek simpatie en begrip gekry het."

Sy pleitdooie om sy vrylating het op dowe ore geval "maar die Britse ambassade het later goed na my begin kyk, vir my basiese dinge gebring en my omstandighede het begin verbeter … Skielik was ek die enigste met 'n bed terwyl my selmaats op die vloer slaap, wat my ook skuldig laat voel het, net soos toe ek die enigste was om 'n medalje vir Smokeshell te kry."

Algaande het hy die statuur van 'n soort mentor en raadgewer onder die gevangenes gekry. Hy kon Arabies praat en lees en skryf en het saam met hulle die Koran "soos 'n papegaai geleer" terwyl hy hard tot sy eie God gebid het. Hy was nuttig vir die tronkowerhede omdat hy allerhande elektriese dinge soos lugversorgers kon regmaak.

En soos enige "ouman" in die tronk het hy later die verbode tegnologie gehad om vanuit sy sel met die buitewêreld te praat – onder meer met Dawid Lotter, self 'n 61 Meg-veteraan wat as offisier aan operasies in Angola deelgeneem het. Dawid, die skrywer van boeke en digbundels oor die oorlog en die impak daarvan op veterane, het 'n petisie vir Gareth se vrylating begin.

Gareth het geskryf en geskryf en alles met behulp van die Britse ambassade na sy ma in Suid-Afrika gestuur. En toe word sy siek en sterf terwyl hy agter tralies is. Dit was hartverskeurend, maar sy medegevangenes – "eenvoudige, dierbare mense" – het hom deur sy pyn ondersteun.

Bowenal het Gareth daar in die woestyntronk die tyd gehad om selfondersoek te doen en te dink oor daardie bloedige Smokeshell-dag, oor die buddies wat hy nie kon red nie en sy medalje. En hy het vrede begin vind onder die onwaarskynlikste omstandighede.

In November 2018 is hy eindelik begenadig en vrygelaat "danksy Dawid Lotter wat met sy petisie 'n lawaai opgeskop het". En die gemeenskap van Kalkbaai, waar sy huis destyds was, het hom soos 'n verlore seun en held verwelkom. "Tie a yellow ribbon round the old oak tree," lui die hartroerende ou liedjie en dis wat

Kalkbaaiers daardie dag gedoen het. Palmbome of eikebome, wat maak dit saak? Daar was ook 'n groot, geel banier met die boodskap "Welcome home, Gareth" en media-onderhoude.

Vandag, hier aan die voet van Swellendam se Langeberge, lees hy voor wat hy in sy tronkdagboek oor Smokeshell geskryf het voordat hy oplaas vrygelaat is.

"Ek kon wegstaan en besef ek het die regte dinge gedoen, soos ek opgelei was om te doen. Daardie senior offisier op wie ek geskreeu het, oor die choppers wat net nie opdaag nie, het dit ook raakgesien. Daar tussen die koeëls het ek kopgehou en daarvoor bedank ek vandag my mediese instrukteur, dr. James Gibson. Al die mediese prosedures wat ek daardie dag gedoen het, was reg."

Sy dagboek getuig ook van sy vaste geloof dat die eer hom nie alleen toekom nie.

"Ek het sedertdien die stories gelees van ander wat ook daar was, die ouens in ons seksie en ons peloton en kompanie. Dis danksy hulle almal dat ons vandag nog lewe. Ek sou ook dood gewees het as dit nie vir hulle was nie. Dit was een groot spanpoging."

"Dit het my jare geneem om te ontdek dat ek niks gedoen het waaroor ek skaam hoef te wees nie. Vandag is ek trots, ek voel nie meer skaam of skuldig nie. Ek is trots dat ek gedoen het wat ek opgelei was om te doen en dat ek dit goed gedoen het."

Maar daar is 'n voetnota: eers dekades na die oorlog sou Gareth by Paul Louw self hoor dit was hý – en nie die anonieme senior offisier op die slagveld nie – wat Gareth se Honoris Crux-aanbeveling geskryf het.

JAN HOEVERS

Hy kon weens sy disleksie dalk nie goed lees, skryf of leer nie en 'n sielkunde-handboek het hy nog nooit oopgeslaan nie. Maar Jan het nog altyd sy instinkte gevolg – en dis hoe hy geweet het hoe om van emosionele bagasie ontslae te raak.

Van berading, van praat met die jong dienspligtiges oor wat hulle in Angola deurgemaak het, oor hoe om dit te verwerk, was daar g'n sprake nie. "En dit was vir my die hartseerste. Daai dag toe ons uitgeklaar het in Bloemfontein, toe staan al die ander pelotons voltallig daar, minus die twaalf dooies en HP, so ons was net so 25. Dis 'n groot verskil van 44 ...

"Toe is ons laaste bevel nie 'uittree' nie, dis 'uitklaar' en toe is dit ook nou maar so. Hulle kan net sowel vir jou gesê het: 'Fokof nou!' As simple as that. Ons is nou klaar met jou, jy weet. Ek het altyd gedink almal gaan hul hoede in die lug opgooi soos in die movies, mekaar omhels en alles ... Maar als behalwe. Elke ou het maar net kop onderstebo weggestap.

"Ek het so uitgesien na uitklaar, maar op daardie oomblik dink ek: 'Waar de fok gaan ek nou heen?' Jy weet, ek het toe nog my werk op die Spoorweë gehad, maar wat maak ek nou met my baggage? Wat maak ek nou daarmee?

"Niemand sê vir my, 'Jissie, ek is sorry' nie. Jy weet, daai woorde het jy nooit in die army gehoor nie."

Sy instinktiewe selfberading was om nié te swyg nie. Hy het niemand nodig gehad om vir hom te vertel die "manne-ding" is nonsens nie.

Ná net 'n week se kuier by sy ouers in Centurion het hy sy werk by die Spoorweë hervat vir nog twee en 'n halwe jaar, "maar ek het elke jaar my vrywaringsvorms ingestuur, want ek was nie lus vir army kampe nie". Toe bedank hy egter weer, want van sy ou oortuiging, dat hy sy eie baas moet wees om sukses in die lewe te behaal, het hy nooit afgesien nie.

"Ek het al my geld gebruik om 'n videowinkel te koop, daar in

Capital Park in Pretoria. My eerste video wat ek gesien het, was in my eie winkel, dis hoe min ek van daai besigheid geweet het. Dit het my minder as drie jaar gevat om my gat daar te sien, toe het ek maar weer van vooraf probeer, en daarna weer ..."

In hierdie tyd was hy die spreekwoordelike rolling stone. "Ek is nie 'n onverantwoordelike mens nie, maar dan slaap ek in die jeugtehuis, of sommer in 'n hotel vir 'n ruk, dan bly ek weer op 'n plot of by 'n pêl en so aan. So, alles wat ek gehad het, het in my kar gepas en die matras was bo-op."

Maar in een ding was hy van die begin af konstant: hy het sy storie oor wat in Angola gebeur het vir almal vertel wat wou luister. Wildvreemd of te not, waar en wanneer ook al. "Ja, die meeste ouens het nogal geluister, want dis mos nie iets wat jy elke dag hoor nie."

Dit het hom ook nie gepla of mense dink hy praat bog nie. Nee wat, "ek wou dit net uitgekry het. Ek onthou ek het eendag in 'n Spar of 'n ding in die ry gestaan en toe begin ek vir die omie agter my vertel van die army.

"Hulle het naderhand my goed opgelui en sý goed opgelui. Ek het my sakkies gevat en sy sakkies gevat en vir hom kar toe gedra, maar ek praat nog al die pad tot by die kar. Die volgende oomblik sien ek die oom huil ... Toe laai ek sy sakkies en toe loop ek maar."

Hy glo vandag dis dié instinktiewe selfterapie wat hom gehelp het om weer op civviestraat aan te pas. "Ek dink hoe langer jy stilbly, hoe moeiliker raak dit ook om te praat. Jy weet, my pa was in die Tweede Wêreldoorlog en hy het nie daarvan gehou om te praat oor sy goed nie. Baie mense hou nie daarvan nie, dis mos 'n manne-ding en gelukkig het ek nie dit gehad nie.

"Toe ons uitgeklaar het die dag, toe besef ek ek sit met 'n klomp dinge, hartseergoeters. Veral toe ons uitgeklaar het en ons peloton

Jan Hoevers, die boukoning van Grootbrakrivier.

Jan en sy vrou, Ricky, op hul nuwe boot.

is net half … die uitdrukkings op die ouens se gesigte. Dis maar bagasie, nè? Maar dan, as jy daaroor praat, dan raak dit beter.

"As die weermag vir ons daai tyd, vir 'n week of twee voor die tyd, net 'n basiese benadering gegee het soos: 'Praat en vertel jou storie of hulle dit glo of nie. En vertel dit vir die volgende ou, sommer vir vyf ouens op 'n dag. Moenie sleg voel om jou storie te vertel nie. En as hulle jou nie glo nie, onthou jy was daar, hulle was nie. Moenie dink dit maak van jou 'n swakker mens nie, dit sal jou eerder sterker maak.'

"Dit was vir my baie swak van die weermag. Ek het andersins baie respek vir die weermag, soos die goeie opleiding, hoe om na jou goed te kyk, daai strengheid en dat jy nie jou maats agterlaat nie. Maar daai nasorg, daar was niks, absoluut nul! Baie van die ouens sou dalk vandag ander mense gewees het as daar net 'n week of twee vir hulle basiese riglyne gegee is oor hoe om hulself te heel."

Sowat 'n kwarteeu gelede het Jan, wie se hande vir niks verkeerd staan nie, se strewe om sy eie man te wees hom na die skilderagtige Groot Brakrivier naby Mosselbaai gelei. Hier het hy sy bakkie met gereedskap agterop langs die ingang na die dorp geparkeer en 'n bord opgesit wat sy dienste as bouer van enigiets, groot of klein, aanbied. En van toe af was daar g'n keer aan hom nie.

Hier, op die heuwel hoog bo die rivier waar dit in die see uitmond, het hy mettertyd vir hom 'n spoggerige replika van 'n Middeleeuse kasteel ontwerp en gebou, die sigbare simbool van sy sukses. Kompleet met wagtorings waar hy soggens die vlae hys. "Net sodat mense kan sien wie die koning van die bouers in Grootbrak is … 'n mens moet darem windgat wees, jy weet!" steek hy oudergewoonte die draak met homself.

Daar's 'n binnehof met kabbelende water en beeldhouwerke.

Binne is gordyne en meubels soos iets uit die blaaie van 'n glanstydskrif. Ja, hy het 'n professionele binnenshuiseversierder gehuur om die huis te doen – en nou's hulle getroud, hoor jy.

Eers was hy treindrywer, toe Rateldrywer en later selfs seiljag-vaarder. Vir die lekker en omdat hy kan. "Ag, ek het al baie gedoen, jy weet." Die seiljag het hy intussen weer verkoop, maar hy's alweer besig met 'n groot nuwe projek.

Oor die jare het hy hier en daar van die ou Smokeshell-manne raakgeloop. Soos Gareth het hy ook al een van die reünies bygewoon, maar dit het nie 'n gewoonte geword nie. "Nee kyk, ek is op hierdie Smokeshell WhatsApp-groepie en ek lees al die boodskappe. Elke oggend is daar seker so tien ouens wat môre sê, vir hulle is dit nog belangrik. Ek sal die boodskappe lees en so nou en dan 'n grappie stuur."

Daar's een of twee wie hy soms bel. "Maar ek het nooit eintlik daai behoefte gehad om saam met almal bymekaar te kom nie. Dis nie vir my – hoe kan ek sê – dat dit 'n deel van my lewe moet wees nie. Vir party ouens is dit belangrik."

Hy waardeer die feit dat dié WhatsApp-groepie en gereelde saamtrekke vir party ouens 'n veilige hawe of ruimte bied waar hulle vrylik kan praat, "want as ek die boodskappies so sien, dan is daar nog baie ouens wat nie vrede het nie".

Hyself voel so vry soos 'n voël, want hy het alles uitgepraat wat moes uit, glo hy. "Dit is maar toevallig dat ek die regte ding gedoen het, niemand het vir my gesê om dit te doen nie. Agterna het ek besef, jy is eintlik nie so dom soos wat jy lyk nie!"

Toe ons groet, wil ek vir weet of hy vir oulaas nog iets op die hart het. "Nee, ek het nou my storie gespin," antwoord Jan.

En jy weet instinktief jy kan hom maar glo.

DEEL 3

TERUG NA DIE DOELWIT

13
DIE SOEKTOG

Op 'n dag in 1981 het Johann Dippenaar afskeid geneem van die basis wat hy daar onder Ovamboland se kameeldoringbome gebou het. Mettertyd sou 'n donkergrys gedenknaald in die hart van Omuthiya verrys. Op daardie naald sou dertien name – die prys van die eenheid wat hy gesmee het se vuurdoop en eerste operasionele sukses – uitgekerf word, asook die name van 61 Meglede wat in daaropvolgende operasies sou sneuwel.

Dit was nie civviestraat wat anderkant Smokeshell op Dippenaar gewag het nie. Hy het sy volgende skof van 'n lang en uitsonderlike loopbaan as beroepsoffisier aangepak. Maar sy manne, die lewendes en die dooies, het hy nooit vergeet nie.

In 2005 is die eenheid wat hy op die been gebring het, ontbind. Twee voormalige diensplig-luitenante, Gert Minnaar en Ariël Hugo, was egter vasbeslote dat die guts and glory, lief en leed, en opoffering van duisende oudlede nie vergeet word nie. Om 'n veilige ruimte te skep waar kameraadskap lewend gehou kon word, en om na die voormalige vyand uit te reik.

In 2007, tydens 'n klein vergadering op Caledon, het hulle die saadjie geplant vir die stigting van 'n 61-veteranevereniging waar almal op gelyke voet kon skouers skuur, ongeag jou rang of rol toe jy nog browns gedra het. Die entoesiasme was groot en by 'n opvolgvergadering in 2008 is Dippenaar as die eerste voorsitter verkies. En soos altyd sou hy hom deur en deur bewys as 'n man wat dinge gedoen kry.

Hy was onder dié wat van die begin af daardie intieme Smokeshell-reünies in Bloemfontein bygewoon het en 'n dryfveer was agter die groter gedenkdae by die Johannesburgse oorlogsmuseum (amptelik die Ditsong Nasionale Museum van Militêre Geskiedenis). Maar dit was die veterane se genesing- en versoeningsreis na die ou Angolese slagvelde in 2018, een van vele oor die jare, wat 'n vuur in hom aangesteek het.

Die veteranegroep het elke plek besoek waar 61 Meg destyds geveg het – behalwe Smokeshell, omdat niemand geweet het waar dit was nie. Dit was asof die bos dit vir ewig ingesluk het. Dippenaar het net die grootste gebeurtenis op die 2018-toerprogram mee-gemaak: die gedenkdiens op die berugte brug by Cuito Cuanevale. Maar Marco Caforio, Kelvin Luke, Mike Beyl en ander se vergeefse soektog na die Smokeshell-doelwit later op daardie toer het hom diep geraak.

"Ek het net daar, op 75-jarige ouderdom, besluit daar's nie 'n manier wat ek gaan lepel in die dak steek sonder om te weet presies waar Smokeshell was nie." Sy plan was doodeenvoudig: om op eie onkoste te soek totdat hy die plek kry, alleen as dit moet. En om dan sy manne van destyds terug te neem na Smokeshell om 'n gedenkteken op te rig.

Maklik sou dit nie wees nie, want selfs destyds was daar geen geografiese bakens of landmerke nie – net die bos. En GPS-koördinate nog minder. Maar Dippenaar het nie verniet destyds dae lank kaarte saamgestel, sandmodelle laat bou en sy junior leiers elke klein besonderheid soos papegaaie laat leer nie. Hy het gaan sit en weer die kaarte van weleer geteken. En in Maart

2020 was hy reg om die Angolese bos in te vaar om die plek te soek. "Ek het geglo as ek destyds die doelwit kon kry, dan sal ek dit weer kry."

Hoe om van sy meenthuis in Pretoria tot op die doelwit in 'n onherbergsame uithoek van Angola te kom? Die veterane-netwerk, natuurlik. "Ek het Thys Rall, wat destyds ook deel van my crew was, gekontak en hy het my tot op Ondangwa gevlieg. (Thys, wat op sy tyd tweede-in-bevel van 61 Meg was, het op civviestraat 'n private vliegtuig vanaf Windhoek begin bedryf.)

Op Ondangwa is hy ingewag deur twee ander manne wat weet van dinge gedoen kry. Een was Martin Bremer, voormalige 61 Meg-pantserman wat as tweede luitenant 'n Honoris Crux gekry het vir dapperheid tydens Operasie Moduler. "Ek ken vir Bremer van geen kant af nie, maar wat 'n juweel van 'n man. Hier kom hy aan en hy sê: 'Nee, hy vat my.' (Einste Martin Bremer het in 2018 'n groepie veterane gelei op die soektog na die wrak van die Ratel waarin hul vriend, Mielie Meiring, gesterf het tydens 61 Meg se laaste geveg in Angola in 1988. Dié reis word beskryf in my boek, *Die Brug: Na die Hel en Terug in Angola*).

"En ek klim daar in sy lorrie en daar sit hierdie Stefan, wat in Angola woon." (Stefan van Wyk, ook 'n Suid-Afrikaanse veteraan, woon permanent in Angola.) "En jissie, watter sterre is hierdie twee mense nie."

Hulle is oor die grens met die ou aanmarsroete langs en Dippenaar sit met sy handgetekende kaart en bly vir Martin sê hoe om te ry en waar die ou doelwit moet wees. "Maar met die tegnologie wat so ontwikkel het, het hulle nou elektroniese kaarte [Google Maps] en hulle wys toe nou waar die teikens is en dat daar is 'n kortpad is. Toe besluit ons, ons vat die kortpad tot op 'n punt en dan sal ek 'n call maak om te sê kom ons gaan aan, óf ons draai terug en dan ry ons die pad wat ek geken het daai tyd … Ek kan hom amper nog met toe oë teken."

Maar die kortpad het toe gewerk. "Hoe weet ek nie," sê hy. Maar op 'n kol het die landskap vir Dippenaar bekend begin lyk "al was die bome nou baie groter as destyds … Al wat ek weet is dat ek op 'n stadium vir hulle gesê het dat ons nou in die teikengebied is. Toe soek ons daar op en af, maar al wat jy kry is mielielande en gehuggies en daar's net vroue en kinders."

Met 'n mengsel van Portugees en die plaaslike dialek kon Stefan vasstel die vroue weet niks van die slag van destyds nie en dat hul mans oorkant die grens in Namibië was om geld te verdien. Die groepie se moed het in hul skoene begin sak "totdat ons uiteindelik 'n ou man kry en hy vir ons sê om saam met hom te kom".

Daardie ou man het vir hulle gewys wat die bos so lank versteek het – die verroeste onderstel van een van die 23 mm-kanonne wat sy Ratels so gekou het. En toe hulle verder soek, begin hulle die ou loopgrawe kry wat al amper weer met grond en blare opgevul was en hy weet: "Dis die real McCoy."

Dié wat Dippenaar ken (vir baie veterane is hy nou bloot "Oom Dippies", eerder as generaal), sal jou vertel hy is altyd uiterlik kalm en bedaard, in beheer. Dis sy aard en leierskapstyl. "Maar toe ek in daai loopgrawe kom en besef hier is dit nou en ek kyk op na die balke wat hulle vir oorhoofse beskerming opgerig het, toe val daai hele aanval en geveg weer soos 'n boek voor my oop … En ja, dit was erg emosionele oomblikke ook, net die gedagte dat 'n klomp ouens daar gesterf het."

Die trane het gerol en Martin en Stefan het Dippenaar 'n bietjie ruimte gegee om sy emosies te laat gaan.

"En dis uit en uit hoekom ek na die doelwit gaan soek het, om die ouens wat daar geveg het terug te vat. Want jy kan prentjies

Een van die ou lugafweerstellings op die Smokeshell-doelwit vandag.

Die ou stelllings is vandag al byna heeltemal met grond en blare opgevul.

maak en boeke skryf, maar daar is niks wat daarby kom om werklikwaar op die grond te staan waar jy weet ouens dood is nie. Waar jy van voor af dankbaar is om te leef, want die koeëls het jou gemis.

"Jy was daar, jy het daai skote hoor klap rondom jou, jy het ouens sien val om jou, en dan kom daai vrese ook weer terug. Hoe bang jy was … Dis iets wat jy vir niemand kan vertel nie, want hoe vertel jy vir 'n ou jy was bang? Hoe vertel jy vir 'n ou dat jy benoud en bekommerd was? Jy kan dit nie oorvertel nie, maar jy beleef dit weer en voel dit in jou binneste. Hier het iets gebeur wat groter as ek of jy is."

En toe's dit terug Pretoria toe, en die WhatsApp-groepies begin gons. Gou was daar tagtig stuks belangstellendes vir 'n toer terug na Smokeshell. Dit was immers al Maartmaand en hulle had skaars drie maande om al die ingewikkelde beplanning te doen as hulle op 10 Junie 2020, die 40ste herdenking van die operasie, weer op die ou doelwit wou staan.

Paul en HP was altwee aanvanklik huiwerig. Toe praat hulle met mekaar en dit word 'n geval van: "Ek sal gaan as jy gaan" en "ek gaan nie sonder jou nie". Kort daarna was dit 'n uitgemaakte saak: as die geleentheid hom voordoen, dan gáán hulle.

"Ek wou bitter graag op daardie doelwit gaan staan," vertel Paul vandag oor daardie besluit. "Ek sê nie dit sou my benadeel het as ek nooit daar uitgekom het nie, maar dit sou vir my baie beteken en ek het geweet dit sou ook baie vir die ander ouens soos HP beteken.

"Dit sal vir 'n ou closure bring: 'Ek was hier, in hierdie bos, hier waar ander ouens om my geval het en ek het dit gemaak. En ek kan eer betoon aan ouens wat hier doodgeskiet is.'"

Lynette het hom ook weer aangemoedig.

"Dis absoluut die beste ding wat met die ouens kan gebeur, nie net met Paul nie, maar almal," reken sy. "Ek dink hulle almal dra nog baie aan die seer en daai seer kan hulle net ontlaai daar in die bos. Nêrens anders nie. Geen TV-program, geen boek, geen saamwees kan daai gevoel van berusting en closure gee wat hulle op daardie plek kan kry nie. Ek dink dis bitter nodig vir hulle almal. Ek wens 'n mens kon die weermag dagvaar om te betaal vir die ouens wat dit nie kan bekostig nie en dit berading noem."

Uit Bloemfontein gee HP 'n selfs roerender perspektief. "Mense vra my: 'Wat wil jy daar gaan soek? Gaan soek jy vrede, rustigheid?' En ek sê vir die mense: 'Ek wou regtig net op die plek gaan staan waar ek voorheen gesond was. Waar ek fiks was, waar ek nog heel was.'

"Ek het al lankal vrede gemaak met alles, dit is nie dat ek groot sielkundige probleme het om te gaan uitsort nie, maar miskien help dit ook my liggaam om vinniger te genees."

Daar was egter die belangrike kwessie van sy wonde wat twee maal 'n dag noukeurig skoongemaak en versorg moet word. Hoe doen 'n mens dit op die lang reis deur Namibië en daar in die Angolese bos?

Phia het geen oomblik gehuiwer nie. Sý sal dit doen. Nes al hierdie jare van sowel huweliksmaat as verpleegster wees. As haar Hennie nou Angola toe wil gaan, dan gaan sy saam. En sy sien uit daarna "om net saam met hom te gaan en hom te ondersteun".

"Ek was 'n bietjie bang vir die realiteit, as hy nou daar kom en hy staan op die toneel self. Ek het geweet hy sou vir seker baie huil. Maar omdat ek al soveel jare saam met hom die swaarkry beleef het ... Ek het geglo dat hy wil gaan afsluit en dat hy baie beter sal terugkom. En ja, dit sou ook lekker wees om net saam met almal te ry en te toer en dit te gaan geniet."

Die logistiek vir dié fisieke reis na die verlede was soos 'n militêre operasie in die kleine. Geskikte voertuie vir die uitmergelende rit deur die Angolese bos, radio's vir kommunikasie, vlugte na en van Windhoek, gastehuisverblyf vir die lang Namibiese skofte, kampeergoed vir Angola, kos, water, visums, geelkoorsinspuitings... Die lys was eindeloos. Landwyd het die raakvatters onder die veterane hulle dinge begin doen, amper soos vier dekades gelede.

Maar toe daag 'n nuwe vyand onverwags uit die niet op: die Covid 19-pandemie. Vlugte word opgeskort, provinsiale en internasionale grense gesluit. En net daar word die aanmars terug na Smokeshell in sy spore gestuit.

14

OU VRIENDE EN GENESING
IN DIE BOS

Vir meer as twee jaar en drie maande het die pandemie die terugkeer na Smokeshell vertraag. Eers die harde inperking, later kon jy uit die huis kom maar nie oor provinsiale grense ry nie. Daarna gaan die provinsiale grense oop, maar die nasionale grense is nog toe … Om nie eens te praat van die nagmerrie van drie verskillende landsgrense met drie verskillende stelle Covid-regulasies, toetse en protokols nie.

Vlugte en verblyf is bespreek net om weer gekanselleer te word. By tye het die hoop opgevlam net om weer te vervaag. En niemand was meer gefrustreerd as Dippenaar nie.

"Jis, dit was verskriklik. Jy weet, daar het in 2020 'n redelike poging deur verskillende rolspelers ingegaan, insluitend die ouens in Namibië. Thys Rall het byvoorbeeld 'n klomp goed probeer doen en so aan."

Maar net toe dit voel hulle is reg om te ry, kom klap Covid die deure toe.

Geslote grense was een probleem, die attrisie wat deur die virus gebring is weer iets anders. Sommige veterane het siek geword en ander se inkomste is weggekalwe weens Covid-maatreëls wat die ekonomie in kettings geslaan het – en ook 'n geestelike impak gehad het.

"Die ding wat vir my die hartseerste was, is dat met die beplanning in 2020 het ek 'n naamlys gehad van by die tagtig ouens wat wou gaan. Weens Covid het uiteindelik toe net die helfte van daai groep gegaan," verduidelik Dippenaar. "Die ander kon dit toe nie bekostig nie, hulle was steeds bekommerd oor Covid en 'n klomp ander redes."

Minstens een Smokeshell-veteraan is weens die virus dood. En HP en Phia was twee van dié wat Covid opgedoen het. Ironies het dit gebeur op 10 Junie, die dag waarop Smokeshell aangeval is. HP was toe vir die soveelste keer in die hospitaal in Bloemfontein. Dié keer na chirurgie om 'n oorblywende stukkie been van sy vergruisde stuitjie te verwyder. Na die prosedure was die gat in sy rug nog groter as voorheen.

Phia vertel: "Hy het daar by my in die hospitaal gelê … Daar was 'n ander pasiënt en sy moes Covid gehad het, want die dag toe sy by ons ontslaan is, toe voel sy sleg daai aand en sy is terug hospitaal toe en toets toe positief."

Binne 'n week het eers Phia en daarna HP ook positief getoets. "'n Mens was bang … Dis nogal 'n groot vrees as jy sien hulle toets jou en hulle sê vir jou 'positief'. Jy het al gehoor van soveel mense wat dit gekry het, mense wat toe dood is."

Tog glo sy dit was 'n bedekte seën dat hulle dit saam opgedoen het. Sodoende kon hulle saam tuis isoleer en kon sy hom versorg, al was sy self siek. "Ek het nie so sleg gevoel nie, dit was meer soos 'n baie erge verkoue. Maar ou Hennie was swak en hy het regtig baie sleg gevoel. Ons het dit toe deurgetrek. Jy weet, 'n mens spot altyd oor hoeveel sakke sout julle al saam opgeëet het, maar ek kan regtig sê: daai sakke sout sal nie op die grootste lorrie kan pas nie."

Daar was ook verligting vir die immuniteit wat die siekte haar en HP toe gegee het, want by die hospitaal was sy en die ander gesondheidswerkers heeltyd bang. "So, dit het beslis 'n omwenteling in ons lewens veroorsaak."

Toe, in Februarie 2022, nadat die pandemie se wurggreep genoegsaam verslap het, kom die boodskap van Dippenaar: vanjaar gáán ons.

In George het Paul weer getwyfel. Baie water het onder die brug geloop sedert die aanvanklike beplanning vir die toer vroeg in 2020. Lynette, die "saamdra-mens", het borskanker gekry en 'n dubbele mastektomie ondergaan. "Ek het getwyfel of ek moet gaan, ek het regtig getwyfel of dit die regte ding is om te doen.

"Maar toe ek met HP praat en ek praat met Andrew Whitaker, toe sê ek: 'Nee, ek moet gaan.' En ek het met Lynette gepraat en sy het gesê: 'Gaan, dit sal jou goed doen.'

"Daar het egter toe goed gebeur soos my paspoort wat weggeraak het 'n week voordat ons moes gaan. Was dit 'n teken dat ek nie moet gaan nie? Was dit 'n teken dat my vrou nie wil hê ek moet gaan nie?"

Hy het daaroor gewroeg totdat Lynette hom vertel het haar boetie het eendag bloot per ongeluk Paul se paspoort geneem pleks van sy eie groen ID-boekie. "So, ek het toe my paspoort terug, maar so dink 'n ou aan hierdie goed. Moet jy gaan, of nie? Gaan dit goed wees, of nie?"

In Bloemfontein was Phia minder bekommerd oor alles wat sy in haar mediese tas sou moes pak om HP se wonde te versorg as oor hoeveel warm goed sy kon pak. "Ek het gehoor dit word snags koud in die bos. Ek wou nie koud kry nie!"

Intussen het die beplanning en die aard van die voorgenome

toer ook begin morf. Dippenaar se oorspronklike beplanning in 2020 was vir 'n klein, toegewyde Smokeshell-toer: oor die grens, bestee 'n nag of dalk twee op die doelwit, gee dan pad uit Angola en gaan huis toe.

Maar nou, twee jaar later, het ander rolspelers van die veterane-vereniging begin inweeg op die saak. En voor jy kon sê "Kontak!" het 'n lang en omvattende toer oor omtrent die hele geografiese tydlyn van die Bosoorlog gestalte begin kry. Met 'n eerste halte by Smokeshell, van daar oor die ander slagvelde tot by Cuito Cuanavale en ook die wrak van Mielie Meiring se Ratel naby Calueque.

Hoe dit ook al sy, Smokeshell was 'n "go" en dis al wat saak gemaak het vir 'n kerngroepie ouens wat hul jeug daar verloor het. Al was dit dan ook nou twee jaar ná die 40ste herdenking. Hulle wou net daar uitkom.

Maar eers moet daar verpoos word om nog twee reisgenote te ontmoet.

ANDREW WHITAKER, DIE HERDER

Meer as veertig jaar gelede sou dié Oos-Kaapse "soutie" lenig en fiks gewees het. Vandag lyk hy iewat soos 'n goedige Kersvader met sy lang wit hare en baard.

Maar jy moet nooit Suid-Afrikaanse mans van 'n sekere generasie op hul baadjie takseer nie. Andrew was nie heel aan die spits van die aanval op Smokeshell in Paul Louw se peloton nie, maar hy was in die tweede golf: Alpha Kompanie, Peloton 2.

"Ons het laatmiddag net kontak geslaan toe ons Ratel op 'n boomstomp in die middel van die doelwit vasval. Daar was die heeltyd AK-47-vuur op ons maar 'n besluit is gemaak om nie terug te skiet nie, omdat dit ons posisie sou weggee. Ons het ons Ratel gekamoefleer so goed ons kon en toe in die harde grond loopgrawe

Andrew Whitaker (links) op die ou doelwit met die monument vir Smokeshell se dooies wat van Suid-Afrika saamgebring is.

probeer uitskraap sonder om lawaai te maak."

Die res van die dag en die ganse nag het hulle daar langs hul gestrande Ratel veiligheid teen die boesem van Moeder Aarde gesoek terwyl die chaotiese geveg om hulle woed. "Omtrent agtuur die aand het 'n seksie van Bravo Kompanie by ons aangesluit … en vir die eerste keer het ons die afgryslike verhaal gehoor oor hul dertien dooies en baie meer gewondes.

"En so tweeuur die volgende oggend het ons gehoor hoe die vyand naby ons onttrek met 'n geluid soos kettings wat oor die grond sleep. Ons het aangeneem dis een van Swapo se 23-mils wat weggesleep word."

Toe die son opkom, het hulle patrollie gestap en besef die gevreesde kanon was skaars 200 m van waar hul Ratel vasgeval het. "Baie later op dag 2 is ons Ratel herwin en kon ons weer by ons kompanie aansluit. En eers toe hoor ons die name van die gesneuweldes. Al was ek nie in dieselfde kompanie of peloton nie, het ek hulle almal geken. Met basiese opleiding was ek in dieselfde bungalow as Paul Kruger, Steve Cronjé en Frank Lello. Met tweede-fase-opleiding was ek saam met Andrew Madden, Mike Luyt, Pip Warrener en Rob de Vito. Luitenant Hannes du Toit was ook vir 'n ruk saam met ons."

In die smeltkroes van gemeganiseerde infanterie het omtrent almal se paadjies op 'n stadium met mekaar gekruis. Junior offisiere, gunners, drywers, maak nie saak nie. En nou, soveel dekades later, sou die voormalige geweerskutter vir Paul, HP en Phia onder sy vlerk neem. Andrew, vandag die eienaar van 'n geoktroieerde rekenmeestersaak, het verantwoordelikheid geneem vir die reëlings vir hul vervoer en verblyf op die lang skof van Windhoek tot op die ou doelwit in die Angolese bos (en weer terug). Met groot sorg sodat HP so gemaklik as moontlik sou wees.

In vredestyd word die rolle dikwels omgeruil, want Vader Tyd is 'n gelykmaker wat vere voel of jy luitenant, kommandant of troep was.

NICOLE DICKSON, DIE TERAPEUT EN NAVORSER

Sy was maar net 22 maande oud toe Nicole se ouers van Brittanje na Comptonville, suidwes van Johannesburg, verhuis het. En soos almal van haar era het Nicky (soos almal haar ken) tydens haar grootwordjare altyd van iemand in die army geweet: 'n skoolvriend, oom, neef, broer, kêrel, vriende se mansmense, wie ook al. "Die samelewing was nogal militaristies."

Kleintyd was die Naturena-koppies haar speelgrond. "Ons het gereeld lorries vol troepe gesien, nooit geweet waarheen hulle gaan nie, maar daar was iets heldhaftigs omtrent hulle. Vrydae by Mondeor Hoër was daar kadette en skiet. Ek het 'n kadetleier geword en selfs oorweeg om 'n soldoedie [vroulike soldaat] op George te word ... So was die lewe in Suid-Afrika destyds."

As tiener het sy soos baie ander jong meisies briewe vir troepies op die Grens geskryf en die koeverte met Charlie-parfuum deurweek. Maar dit was eers toe sy haar toekomstige man, Graham, ontmoet en hy 'n Grenskamp gaan doen het dat sy besef het watter impak dit op verhoudings, loopbane en families het. Hoe belangrik daai briewe was.

Sy het haar meestersgraad in sielkunde verwerf, kinders grootgemaak – en in 2004 kom laai haar skoonouers Graham se ou army-trommel vol uniforms en ander soldaatgoete by hulle af. Hul seun, Luke, was gefassineerd deur die inhoud en het besluit om beroepsoldaat in die Britse weermag te gaan word, want sy pa was van Skotland.

In 2009 het Graham en 'n vriend wat steeds nagmerries gekry het oor sy tyd op die Grens besluit hulle wil terugkeer na die plek waar hulle in browns was. "Hulle het kaarte bestudeer, hul roete uitgewerk – en toe hulle terugkom, het sy vriend nie meer nagmerries gehad nie," vertel Nicky.

Dit het haar as pastorale terapeut laat dink aan die waarde daarvan om na die plek van jou trauma terug te keer. En net die volgende jaar gaan Graham op 'n 61 Meg-veteranetoer na Angola. Sy vertellings oor die emosionele nagte van stories deel om die kampvuur en kruise teen bome ("ek het nog altyd belanggestel in simboliek en rituele") het haar geïnspireer om 'n doktorsgraad oor Bosoorlogveterane se traumagenesing aan te pak.

Sy wou dinge soos die "cowboys don't cry"-kultuur, daai manneding, onttrekking en klaarblyklike gebrekkige berading deur die weermag destyds ondersoek.

"Dit was altyd my plan om saam met die mans terug te gaan na waar dit alles met hulle gebeur het, want ek het begin besef hoe betekenisvol dit is. En toe sy hoor van Dippenaar se obsessie om sy ou troepe terug te neem na Smokeshell, het sy geweet dis haar kans om 'n ooggetuie te gaan wees daar in die bos. As navorser, eggenoot van 'n veteraan en ma van 'n jong soldaat wat ook harde bene gekou het tydens opleiding in Brittanje.

Nes die veterane was sy ontsettend gefrustreerd toe Covid alles ontspoor het, maar sy kon darem een van die jaarlikse Smokeshell-reünies bywoon. En toe, eindelik, breek die tyd aan.

WEERSIENS OP TSUMEB

Om die toutjies op te tel na al die burokratiese vertragings was nie so maklik nie – veral nie omdat dit nou deur 'n veel omvattender toer ingesluk is nie.

So dit was al vroeg Julie 2022, en nie meer Junie nie, toe die Smokeshell-groepie vertrek. Andrew het vir Paul, HP en Phia op die lughawe gaan haal, want hulle sou heelpad saam met hom ry.

In Windhoek is hulle eers onthaal deur die Namibiese Moths (Memorable Order of Tin Hats) onder leiding van André Anthonissen, 'n groot vriend van 61 Meg-veterane. In sy verwelkomingstoespraak het André die woorde aangehaal wat Paul baie jare tevore in 'n onderhoud met die joernalis Willemien Brümmer geuiter het: "Jy mag maar voor jou Ratel huil."

Met 'n tikkie humor het André ook gesorg dat daar vir elkeen 'n pakkie sneesdoekies was, vertel Paul. "En toe sê hy: 'Vat dit maar saam, want jy gáán huil!'"

Van Windhoek verder noord tot op Tsumeb, die dorp wie se lief en leed tydens die Bosoorlog so nou verweef was met 61 Meg s'n. Daar het 'n vreugdevolle weersiens plaasgevind tussen HP en

Reinhard Friederich, 'n boer van die kontrei.

Soos beskryf in *Tannie Pompie se Oorlog*, het 'n groep Swapo-vegters die sogenaamde Driehoek van die Dood (die gebied tussen Tsumeb, Grootfontein en Otavi) in 1982 binnegesypel. Digby die kaplyn by Tsintsabis, sowat 70 km noordoos van Tsumeb, het hulle in 'n goed beplande lokval 'n Ratel met RPG's vernietig. Vyf lede van 61 Meg het gesneuwel, asook drie lede van die Tsumeb-kommando: Daantjie van der Westhuizen van die plaas Koedoesvlei, sy skoonseun Hendrik Potgieter en hul spoorsnyer Jan Kaka. Dit was die begin van die teeninsurgensie-operasie genaamd Yahoo. Die hegte boeregemeenskap sou altesaam ses geliefdes verloor en 61 Meg nege dienspligtiges. Swapo se verliese was 71 dood. Reinhard, bobaas-spoorsnyer van die Tsumeb-kommando, was gelukkiger: hy het 'n landmynontploffing te voet oorleef. Soos so baie beseerdes van die Bosoorlog is hy per helikopter na Grootfontein geneem en vandaar met 'n Flossie na Pretoria.

Vir Reinhard, deur en deur 'n natuurmens wat as kind as 't ware saam met die San grootgeword het, was die lang maande in 1 Militêre Hospitaal neerdrukkend. Sy behoud, sal hy jou vertel, was die veel jonger HP wat in sy rolstoel langs sy bed kom sit en lang geselsies aangeknoop het. Toevallig het HP patrollies op Reinhard se plaas gery in die maande vóór Operasie Smokeshell en hy het die boer herken. Vir Reinhard was HP se positiwiteit ondanks sy aaklige wonde 'n ware inspirasie.

En hier omhels hulle mekaar weer meer as veertig jaar later. "Jislaaik, ek was so emosioneel om die ou te sien en weet jy, hy lyk vir my nog net soos ek hom onthou … Hy is 'n groot mens, 'n sterk ou," vertel HP. Dippenaar was ook verheug om Reinhard weer te sien – al het dié hardkoppige boer destyds vir hom as 61-bevelvoerder probeer vertel hoe om sy werk te doen.

'n Vreugdevolle herontmoeting op Tsumeb tussen Reinhard Friederich, boer van die omgewing wat in 1982 'n landmyn afgetrap het en HP, wat hom destyds in 1 Militêre Hospitaal so bemoedig het.

Daar by die gastehuis het die drie, tesame met Reinhard se vrou, Yvonne, lank die verlede deurgetrap. Gelag en soms ook swaar gesluk aan 'n knop in die keel. "Om hulle so saam te sien, die vreugde van hul herontmoeting, was vir my een van die hoogtepunte van die toer," vertel Andrew, wat vir Reinhard laat weet het dat HP op die dorp gaan wees.

Maar daar was nog een ding om te doen voor die toergroep die geskiedkundige myndorp met al sy bittersoet herinneringe kon agterlaat.

Riana van der Westhuizen was net 11 jaar oud toe haar pa en swaer in daardie brandende Ratel by die kaplyn gesterf het. En kort voor die toergroep se koms is die presiese kolletjie in die ruie bos herontdek. Sy het van Swakopmund af gekom om saam met van die 61-veterane vir die eerste keer op die plek te staan en 'n kruis teen 'n boom vas te sit. Vir haar pa en swaer, maar ook vir haar ma, die legendariese Tannie Pompie van der Westhuizen, wat uit haar plaaskombuis as kommando-seiner gewerk het.

Daardie oomblik in die klein shona by die ou kaplyn was 'n mylpaal op Riana se eie genesingspad. En vir die handjievol veterane teenwoordig was dit 'n geleentheid om eer te betoon aan 'n familie wat so baie dienspligtiges soos hul eie kinders op hul plaas Koedoesvlei verwelkom het – en oplaas so baie opgeoffer het.

En toe is dit tyd om in hul civvie-veldkarre te klim en weer die langpad te vat. Verder noord, grens toe.

Grensposte is alte dikwels geen plesier nie. Eers was daar 'n helse burokratiese rompslomp met Covid-sertifikate aan die Angolese kant en toe sien hulle die monument wat die Suid-Afrikaners al die pad saamgebring het om op die ou doelwit te gaan oprig.

Wat presies die grensbeamptes so agterdogtig gemaak het, was nie duidelik nie. Was dit die vier "gewere" uit metaalplaat gesny wat die bene gevorm het? Of die (onskadelike) 90 mm-kanonkoeël bo-op? Dat 'n mens in Portugees, Engels of Afrikaans daarop kan lees dat dit gesneuweldes eer, het aanvanklik geen verskil gemaak nie. Ewenwel, dit het Jaap Steyn, nog 'n voormalige 61 Meg-bevelvoerder, 'n kort leeftyd geneem om die saak uit te sorteer.

Oplaas is al 39 toerlede en die monument darem deur. Daardie nag het hulle sowat 50 km anderkant die Angolese dorp Ongiva langs die pad gekamp. Andrew het tot dusver vir hom en sy drie passasiers gastehuisverblyf gereël ter wille van HP se wond, maar dié nag het hulle sommer in sy voertuig geslaap.

En toe is dit die oggend van 9 Julie, en tyd vir aanstoot vir die

Die toergroep se kampeerplek by die ou Smokeshell-doelwit in Angola.

laaste skof tot op die doelwit.

Soms voel dit asof die oorblyfsels van Angola se paaie hulle op die voormalige invallers vanuit die suide wil wreek. Dis 'n geskud en 'n gestamp en jy leer elke been in jou lyf van vooraf ken, kan Paul getuig.

"Jissie, daai stuk pad was poeier getrap. Ek praat van die hoofpad! Poeier, poeier, poeier. En jissie, die stof … Wanneer die een voertuig weggetrek het, dan moes die volgende een eers tien minute wag sodat die stof net kan gaan lê.

"By die afdraai wat Stefan van Wyk vroeër vir ons gemerk het, raak dit toe éérs moeilik. Ons moes 'n tweespoorpad volg, nes die een wat die Ratels destyds oopgetrap het, so tussen die krale deur. En daai stukkie pad het ons besig gehou, seker 'n goeie drie of vier ure, tot op die doelwit."

Die plaaslike hoofman het hulle ingewag en Stefan, wat nie self daar kon wees nie, het weereens vooraf vir hulle kampeerplekke tusen die bome langs die tweespoorpad uitgemerk.

"Toe het HP gesê hy wil dadelik gaan na 'n plek waar oom

Dippies-hulle met hul soektog 'n klomp ou ammunisie gekry het wat vroeër ontplof het. Ons het soontoe gestap, maar niks was bekend nie, nie die terrein nie, niks. Ek het toe ná die tyd met oom Dippies gepraat en hy het vertel hy het voorheen daar 'n ou R1-magasyn en 20 mm-rondtes opgetel wat ontplof het. En 20-mil-doppe en stukkies pantserglas het daar rondgelê, so daar wás Suid-Afrikaanse magte daar."

Paul was nie oortuig dit was die plek waar sy Ratel gebrand het nie. Hy het heimlik gedink Dippenaar-hulle wou doelbewus eers die volgende dag, 10 Julie – presies 42 jaar en een maand na die aanval – op die ware doelwit staan. "Oom Dippies het gesê hy dink die uitgeskiete Ratel is dalk net na hierdie plek toe gesleep. Maar oukei, ons het toe daar goed opgetel."

Maar dis nie heeltemal hoe Nicky, met haar sielkunde-bril op, daardie toneeltjie waargeneem het nie.

"Ons het eers laatmiddag by die kampeerplek by Smokeshell aangekom, want die voertuig waarin ek was het op daai slegte pad gebreek. Toe ons inry, sien ek hoe hulle na die plek toe stap waar Paul en HP se Ratel glo gebrand het en ek vra of ek kan saamgaan.

"Paul het haastig gelyk, hy het intens daarop gefokus om hierdie paadjie deur die bos te volg. Agter hom was Andrew en dan HP, bietjie stadiger met sy kierie. Ek het die gevoel gehad dat Paul weens al sy angstigheid haastig was om daar te kom. En toe's ons in hierdie oop kolletjie in die bos en dit lyk of die aarde steeds geskroei is, die gras groei net sulke kolletjies daarom.

"Paul en HP krap in die grond rond, tel stukkies glas en metaal op en praat oor wat dit is. Dan begin HP met sy kierie die buitelyne van 'n Ratel teken: hoe dit sou gestaan het toe dit getref is, waar sy drywersitplek was en die sydeure waar die ander uitgespring het.

"HP word altyd maklik emosioneel, maar dit was asof Paul

Daar was tyd vir besienswaardighede soos Namibië se Otjikoto-meer.
Van links: Johann Dippenaar, Paul Louw, HP en Phia Ferreira,
en Andrew Whitaker.

61 Meg-veterane tydens die gedenkdiens vir hul gesneuwelde makkers
op die ou Smokeshell-doelwit in Angola.

Ou doppies en 'n stukkie pantserglas wat HP en Paul opgetel het op die plek waar hul Ratel gebrand het.

Die Smokeshell-gedenkteken. Links is die ou 23 mm-kanon-onderstel deels sigbaar.

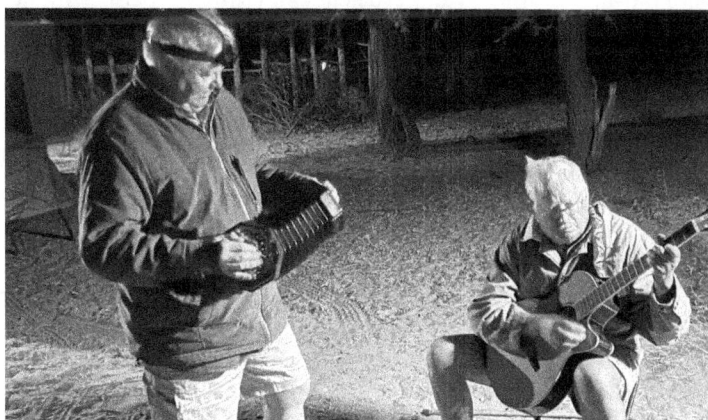

HP (regs) en Gerhard van Rooyen speel boeremusiek op 'n kampeerplek in Angola.

eindelik bevry word. Paul het op sy knieë gesak en sy arms om HP geslaan en vergifnis gevra. Albei het intens gesnik. Daarna het hulle 'n entjie in verskillende rigtings gestap, so asof hulle ruimte nodig gehad het om selfbeheersing te kry. HP het gesê hy wil alleen bid."

Vir HP was dit "'n ander bos" as die een waarin hy was toe hy nog jonk en gesond en fiks was, vóór die koeëls die res van sy onthou uitgewis het. "Die bome is groter as op die ou foto's, baie groter, so dis nie dieselfde bos nie," vertel hy. "Maar as jy by 'n ou loopgraaf verby loop, dán voel jy hom, dat hiér is waar dit met jou gebeur het. Dan kry jy daai terugflitse, jy weet, soos die ou wat omkyk en die vrees in sy oë voor jy oor hom ry en dis nie lekker nie."

Maar selfs in daardie emosionele oomblikke was sy gedagtes by Paul. "Jy weet, ek het ou Paul so vreeslik jammer gekry. Hy was hartseer."

Die groepie het stil geword. Paul het gesê hy wil stap en Nicky is toe saam. "Ons het gepraat oor sy gevoelens, oor hoe sy hart vinniger geklop het toe hy hoor die plek is gekry waar sy Ratel gebrand het. Oor sy skuldgevoelens omdat hy gevoel het hy het verkeerde besluite gemaak. Dis 'n normale reaksie op trauma: 'Wat as ek eerder dit of dat gedoen het? Sou dinge anders gewees het?' Ek dink dit was 'n goeie emosionele ontlading."

Hulle het gaan afpak en kamp opgeslaan. Volgens Nicky het sy en Paul na aandete verder gepraat, tot middernag. "Oor sy pa en rolmodel wat ook in die leër was, oor al die pa-figure in sy lewe. Hoe dit HP was wat hom en ander veterane weer bymekaar begin bring het, so hoe hulle dus eintlik rolle geruil het."

Toe gaan kry almal hul lê en Paul se naglange worsteling op die geleende stretcher begin. Sy bevel om oor die droë rivierwal te jaag, die bloedstollende oomblik toe hy besef hulle is tussen die vyand se lugafweerstellings in. Die ontploffings en vuur binne die

Ratel, die reuk van sy manne se bloed. En die vrae, altyd die vrae en selfverwyt.

Toe knal 'n geweerskoot in die verte en skielik is hy angstig oor die hier en nou. Die hoofman was vriendelik, maar hoe voel die plaaslike mense oor ons terugkeer na 42 jaar? Is hulle ons werklik goedgesind? Hoe gaan ek almal veilig hou as ons dalk aangeval word?

En uiteindelik die verligting toe die son sy kop oor die bos lig en Andrew om die neus van die bakkie gestap kom en droogweg opmerk: "The demons were busy with you last night."

Net meters verder het HP 'n rustige nag gehad, want hy het oudergewoonte 'n slaappil gedrink. Maar dit was nie nodig om hom te vertel Paul het 'n moeilike nag gehad nie.

"Daai stretcher van hom was in die lengte deur geskeur. Ek weet nie hoe hy dit reggekry het nie, dalk het hy baie gedraai, maar dit was van die een kant na die ander geskeur, hulle het dit net daar gelos."

Paul wou dadelik weet of die ander ook die skoot in die nag gehoor het. Dalk net iemand wat gejag of jakkalse by die vee verdryf het, maar dit het hom laat voel hy is weer 'n jong luitenant wat moet sorg dat sy troepe veilig is.

Toe is dit tyd om hul kampstoele te vat en aan te stap met die paadjie na die boom waar die monument reeds staangemaak was. Want die datum was 10 Julie.

En nou het Nicky die waarnemer 'n meer pastorale rol vervul, want Jaap het haar gevra om die geestelike kant van die gedenkdiens te behartig. Danksy haar liefde vir rituele en simboliek het sy 'n klomp kerse saamgebring wat mense kon aansteek. Sy het ook takkies en stukkies metaal opgetel op die plek waar HP die vorige middag die buitelyne van hul Ratel in die grond getrek het.

"Toe het ek daarmee 'n soort altaar aan die voet van die monument gemaak … Wat my die meeste opgeval het was die arend, 'n berghaan, wat tydens die diens in die lug bo ons gesirkel het. Die twee ander vroue in die groep het dit ook gesien. Vir my was dit 'n teken: oukei, God is ook hier."

Elkeen van die groep van 39 het die geleentheid gekry om 'n bydrae op hul eie manier te maak. "Emosioneel" is die woord wat HP oor en oor gebruik om daardie gewyde oomblikke op die ou doelwit te beskryf. "Dit was vir my soos 'n afsluiting."

Hy weet hy het gepraat, maar die woorde het vanself gekom. "Wat by my opgekom het, is dat ek nooit weer wil sien dat 'n monument vir die lelike van die lewe opgesit word nie, mag die Here my daarvan spaar. Dat daar soveel mense dood is, maak nie saak of hulle vyand of ons eie mense is nie. Dis nie mooi nie en ek wil dit nooit, nooit weer sien nie. Ons kan eerder 'n monument vir die mooiheid van die lewe opsit."

Hy is nie iemand wat sommer voor 'n groep mense bid nie, "maar daardie dag het ek dit gedoen en weer het die woorde vanself gekom. En dis waar ek besef het dat ek 'n verskil moet maak … Ek moet nou na mense toe gaan wat nog vasgehou word deur hierdie dinge, wat nog als binne hou en vir hulle sê: kom ons gesels daaroor."

Want hy weet maar te goed daar is nog bloedbroers wat hulp nodig het om die duiwels van 42 jaar gelede te besweer. Na die diens het hy vir Paul gaan sê: "Nou het ek ons makkers begrawe." Dit was 'n afsluiting wat hy nie tuis in Bloemfontein sou kon kry nie. Dit moes híér gebeur.

Ook Paul het, ondanks al die demone van die vorige nag, gevoel dat die saadjie van 'n nuwe vrede in hom begin ontkiem.

"Toe ons by daai monument kom wat hulle daar opgerig het, het ek besef, nou is ons op die regte plek. Ons was tussen die loopgrawe, tussen die lugafweerstellings, daai 23-mil se onderstel was nog daar. Al die tekens was daar.

"Ons het bymekaar gekom en mekaar in die oë gekyk daar op die doelwit, en ons het gesê: 'Nou is ons tevrede. Ons was op die doelwit. Ons het afskeid geneem van ons makkers.' Ek het meer verlig gevoel toe ons daar wegry. Ek glo dit moes gebeur het, ek moes daar gewees het en ja, dit is 'n verligting."

HP, oor wie se wonde hy vir so lank so skuldig gevoel het, "was 'n ander mens. Dit het uit hom gestraal. En ek dink Phia, wat hom al soveel jare versorg, het ook vir die eerste keer begin besef hoe dit kon gebeur dat hy so geskiet is, watter moeilike ops, terrein en omstandighede dit was."

Wat van die beroepsoffisier wat soveel gedoen het om sy voormalige dienspligtiges weer hier te kry?

Johann Dippenaar, die kalm raakvatter, is nie 'n man wat met sy gevoelens te koop loop nie. Maar hy vertel: "Dit bly maar 'n emosionele situasie, veral oor die feit dat HP daar was en sy vrou hom ondersteun het. Dit was uitsonderlik en uniek. Om 'n ou 42 jaar later, en met soveel mediese operasies agter die blad, saam met sy vrou op die plek te kry waar hy amper gesneuwel het, is nie iets wat sommer gebeur nie."

Dit was iets besonders om te beleef vir elkeen wat daar was en sy storie vertel het, meen Dippenaar. "Jy kon dit net sien. Jy weet dit raak elke ou in sy diepste. Vir my het dit natuurlik 'n ongelooflike impak gehad."

Hy dink weer aan daardie oomblik in Maart 2020, toe hy besef het hy het die "verlore doelwit" gevind. "Net om daar te staan waar ons daardie ou wapen gekry het, waar ons nou die monument opgerig het." Vir die samewerking en welwillendheid van die plaaslike gemeenskap, die ou man wat vir hulle die oorblyfsels van die 23 mm-kanon gaan wys het en ook vir hulle die dop van 'n Suid-Afrikaanse 90 mm-rondte gebring het, is hy diep dankbaar.

Maar Dippenaar kon nie verpoos nie. Van die tuisfront af was daar baie slegte nuus oor sy vrou, Hannelie, se gesondheid en hy het die dag ná die diens die terugtog haastig aangepak.

Die res van die toergroep het ook uitmekaar gespat. Die groter groep onder leiding van Jaap – Nicky ingesluit – het aanbeweeg na ander ou Angolese slagvelde: Protea, Cassinga, Askari, Cuito Cuanevale, Calueque ...

Vir Paul, HP en Phia het Andrew egter iets besonders gereël. Die vier van hulle is in die gemak van sy Mercedes 4x4 reguit terug Namibië toe.

15
NABETRAGTING

Kyk 'n mens na die kaarte van die destydse operasionele gebied, sal jy sien Dippenaar het sy nuwe basis naby die noordoostelike hoek van die wêreldberoemde Etosha-wildtuin gebou.

Terwyl Omuthiya onder die kameeldoringbome verrys het, het die jong dienspligtiges hulle verwonder aan die olifante wat soms snags geruisloos deur die basis geloop het. Die reservaat self is 'n magiese plek, sal Reinhard Friederich jou ook vertel, want voor die landmynontploffing terwyl hy op Swapo-insurgente se spore gehardloop het tydens Op Yahoo, het hy te voet deur Etosha geswerf om die laaste San-mense se stories en veldgeheime in hul eie taal aan te hoor en op te teken.

Ná die taai en traumatiese geveg by Smokeshell het die oorlewende helfte van Paul se peloton in hierdie paradys kom patrollie ry. Vir sommige van hulle, soos Jan Hoevers, was die rustige dae van wild tel saam met natuurbewaringsbeamptes en boeretannies se gasvryheid dalk die begin van hul eie genesingsreis. Etosha is ook waarheen Andrew vir Paul, HP en Phia geneem het ná daardie intens emosionele terugkeer na die ou doelwit van 42 jaar gelede.

Die vindingryke Oos-Kapenaar het 'n bietjie huiswerk gedoen en agtergekom die reservaat bied baie billike bed-en-ontbyt-tariewe vir Suid-Afrikaners. Hy het vir hulle plek bespreek vir vier nagte.

In die militêre omgewing het die term "nabetragting" 'n baie spesifieke betekenis. Kortom, dis soos 'n lykskouing waar 'n operasie uitmekaar getrek word en die kleinste besonderhede onder die vergrootglas kom. Harde vrae word gevra, iets waarvan Paul ondervinding gehad het.

Dit was wat die vier gedoen het oor wat hulle pas daar in die Angolese bos beleef het. In die motor op die wildkykroetes langs die glinsterende wit soutpanne, in die skuilings by die watergate, saans om 'n knetterende vuur. Maar dié nabetragtings was terapeuties, vertel Paul.

"Man, ek sê vir jou, dit was regtig soos 'n ontlading. Ek dink as ons reguit Windhoek-lughawe toe gery het vir die terugvlug sou ons minder by die hele ervaring gebaat het. Ons het gepraat oor goed wat jare lank opgekrop was, maar dit was lekker ontspannend, daar was nie goed wat gepla het nie. Ek moet bieg, ou Andrew het kopgehou. Hy het gedink aan sulke soort goed, ek het glad nie."

Andrew het dit ook in sy agterkop gehad dat HP en Phia, wat weens haar man se konstante mediese uitdagings en haar dubbele rol as verpleegster en huweliksmaat, tien jaar laas met vakansie was. HP het ook baie pyn in sy rug verduur weens die lang dae op die pad. "Dit was baie lekker," het Phia later beaam.

Watter insigte en bevryding het die lang gesprekke in die wildparadys hulle gebied?

NICKY, DIE DOKTORALE STUDENT

Dit was vir haar sleg om daar by Smokeshell afskeid te neem van Andrew, Paul, HP en Phia, en ook Dippenaar. "Dit was te skielik. Almal met wie ek 'n verhouding opgebou het, was net weg – ek wou nog met hulle sit en praat."

Nicky Dickson en Johann Dippenaar by Klub Omuthiya in Bloemfontein na hul terugkeer uit Angola.

Sy het uitgemis op die ontlaai-kampvure in Etosha en die fokus van daardie intieme groep, maar kon darem nog heelwat rituele waarneem op die omvattender toer deur Angola. Haar skoonpa het immers die kruise gemaak wat tydens die 2010 groep se toer oral aangebring is en waarop haar man Graham ook was. "Dit was vir my verblydend om te sien sommige van dié kruise in die bos is steeds daar, ná al die jare."

Daar is op hierdie been van die toer ook 'n gedenkteken aangebring op die plek waar Paul Louw se destydse kompaniebevelvoerder by Smokeshell, kaptein Louis Harmse (toe 27), gesneuwel het tydens Operasie Protea. Hy was op 24 Augustus 1981 besig met loopgraaf- en bunkeropruiming by Xangongo toe hy op kort afstand deur 'n Swapo-vegter in die bors geskiet is. (Sy pa, kolonel Desmond Harmse, het in 'n vliegongeluk in Angola gesterf tydens Operasie Savannah in 1975).

Die laaste nag in Angola, onder die twee groot kremetartbome wat onder 61-manne as "Blackie se Plek" bekendstaan ná die roerende ontboeseming van 'n veteraan in 2010, het sy 'n sterk band met haar man gevoel. Dit was Graham se vertelling oor sy belewenis van die helende krag van kampvuurgeselse by dié plek wat haar geïnspireer het om haar doktorale navorsing aan te pak.

Ná die toer, by die volgende Smokeshell-reünie in Bloemfontein, kon sy weer behoorlik opvang met HP en Andrew. Met Paul in George het sy aanlyn gesels. "Daar was die gevoel dat hulle afsluiting moes kry en sin maak van ander goed. Die saamtrekke in Bloem is net soveel intiemer en meer spesifiek, hulle rou en herdenk iets spesifieks. Die pyn gaan nooit weg nie, maar dit gaan daaroor dat 'n mens leer om daarmee saam te leef."

Haar doktorale tesis het sy ingedien en met die skrywe van hierdie laaste hoofstuk het sy nog op hete kole gewag om te hoor van die uitslag van die nasieningskomitee.

"Ek dink my navorsing is 'n mikrokosmos van die trauma van alle Bosoorlogveterane. Daar was vir so lank hierdie manne-ding om nie daaroor te praat nie en intussen het ons samelewing so baie verander … Nou is daar al hierdie traumatiese stories en wat doen jy nou daarmee? Waar skep jy 'n ruimte daarvoor in 'n samelewing wat die veterane marginaliseer? Ná die politieke verandering in 1994 was dit asof die gewone soldate collateral damage geword het, terwyl die professionele offisiere net met hul loopbane aangegaan het."

Sy glo die veterane se skouerskure is belangrik omdat hulle geen ander openbare ruimte het waar hulle kan deel wat hulle deurgemaak het nie. Daar kan hulle wees wie hulle is en voel hulle word gehoor, wat nie elders in die samelewing gebeur nie.

En ja, toe sy hulle uiteindelik sien daar op die stuk aarde waar alles destyds met hulle gebeur het, was die terapeutiese waarde daarvan onmiskenbaar. "Dit gaan daaroor om die plek waar alles vir hulle verander het, te konfronteer. Ek sal nooit weer dieselfde wees nadat ek hulle stories gehoor het nie. Die voorreg om saam met hulle te kon gaan en terugkeer het my ook verander."

ANDREW, DIE OMGEE-MAKKER

Andrew sê hy het baie geheg geraak aan HP sedert hy agt jaar tevore die Bloemfonteinse skouerskure begin bywoon het. "Ek het geweet hoe belangrik dit vir HP en Paul was om terug te keer na Smokeshell, baie belangriker as vir my. En na als wat HP opgeoffer het, sou ek enigiets doen om hom te help om daar te kom.

"Hy het so 'n sterk geloof en sy hele doel in die lewe is om ander te help, so hy verdien dit … en Phia ook. Dit was baie spesiaal om hulle daar te sien. Paul het 'n baie rowwe nag gehad, maar ek dink hy het ook 'n bietjie meer afsluiting gekry … Selfs Dippies was baie emosioneel."

Vir Andrew was die vier dae in Etosha die perfekte manier om die toer af te sluit. "Ons besef nie altyd hoe bevoorreg ons is nie, ons aanvaar so baie as vanselfsprekend. Dit het my getref toe ek hoor HP en Phia was nog nooit voorheen in 'n wildtuin nie. Ons het ontspan, mooi wild gesien en net gesels."

Toe hulle ná die diens wegry van Smokeshell het hy nie gedink hy sal wil terugkeer nie. Maar sedertdien het hy van plan verander, "hoofsaaklik om my vrou saam te neem sodat sy kan ervaar wat Phia en Nicky ervaar het, want sy het hulle intussen ontmoet en hul vertellings daaroor gehoor. Ek het eers gedink dis nie regtig vir vroue nie, maar nou dink ek anders."

En hy sal graag die omgewing wyer wil verken en dalk die plek vind waar hy en sy buddies die nag moes deurbring nadat hul

Ratel op 'n boomstomp vasgeval het en die koeëls van alle kante gekom het.

PAUL, DIE LUITENANT

"Jy weet, selfs 42 jaar later gaan daai selfverwyt nooit weg nie. Mense sê vir my dit was nie my skuld nie en heel waarskynlik was dit ook nie. Niemand kan werklik sê ek het in daai oomblik verkeerd besluit nie. Ek, as Christen, glo dit wat moes gebeur het, het gebeur. Vir my moes dit heel waarskynlik lesse geleer het en definitief ook vir ander.

"'n Mens dink hierdie goed gebeur net in movies en ek het dit uit my denke gesny. Eers toe ek na 28 jaar die eerste keer daaroor praat, het dit alles werklik by my ingesink.

"Ek glo die Hand van Bo was daardie dag in drie dinge te sien. Een, die feit dat ek nie raakgeskiet is nie, dat ek steeds beheer kon neem en na almal omsien. Twee, dat HP betyds afgevoer is – ons het gedink hy gaan dit nie maak nie. En drie, dat my Bravo-seksie al daai loopgraafopruiming kon doen sonder om 'n skrapie op te doen … Ek kan dit tot vandag toe nog nie glo nie. So, daar was definitief 'n hand van Bo."

Die terugkeer na Smokeshell was sy eerste en baie spesifieke ervaring van 61 Meg se veteranetoere, "maar in 'n neutedop sou ek sê dis 'n goeie ding. Vir sommiges om afsluiting te kry en vir ander om die geskiedenis vir hulself te staaf."

En ja, dit het beslis terapeutiese waarde bo en behalwe die professionele soort. "Want jy moet gaan na daai plek waar die trauma gebeur het, jy kan dit nie vermy nie. Jy moet daar gaan staan en sê: hiér het dit gebeur. En nou ja, ons het lank gevat om daar te kom."

Paul sal weer Smokeshell toe gaan, maar dan moet hulle hom

met 'n chopper invlieg, skerts hy, "want die reis was vermoeiend. Dis 'n moeilike pad en op ons ouderdom is dit nie lekker met 'n voertuig nie. Maar terapeuties is dit honderd persent die moeite werd om die plek te besoek en verkieslik met mense te praat wat al in soortgelyke omstandighede was."

HP, DIE DRYWER

Vir 'n ou wat vertel hy's eintlik maar net prakties aangelê, het HP daar om Etosha se vure 'n eiesoortige filosofiese streep in homself ontdek.

"Ek sê altyd as jou psige gesond is, gaan jou vlees makliker saamdraf. Maar as jou psige nie reg is nie, dan gaan jou vlees swaar trek. En op hierdie stadium is die psige reg, dis nou maar net die pyn wat jou psige kan seermaak. Die pyn vat van jou, dit raas partykeer."

Hy is veral bly dat Phia nou beter verstaan wat destyds gebeur het, "dat hierdie avontuur waarop jy gegaan het eintlik hel was, want jy het mense gaan doodmaak en die lekker was om te wen. Jy het nie besef dis eintlik iets wat jou later skade sal berokken nie. 'n Ou sien nog so baie mense wat seer het as gevolg van die oorlog, omdat hulle nie kan vergeet of vrede maak daarmee nie."

HP slaap beter sedert die terugkeer na die doelwit en daardie datum, 10 Junie, is nou vir hom soos 'n verjaardag, dit pla hom nie meer nie.

"Dit maak my net hartseer dat ons hele geslag so oningelig was oor dinge wat ons gedoen het. Jy het nie vrae gevra nie, jy het 'n werk gehad waarin jy opgegroei het: dis wat jy gaan doen, dis hoe jy dit moet doen en jy het geglo daarin. As gevolg van ons respek vir ouer mense het ons nie teruggepraat nie en dit was dalk 'n fout om nie te sê nie: 'Maar hoekom en waarom en wat?'

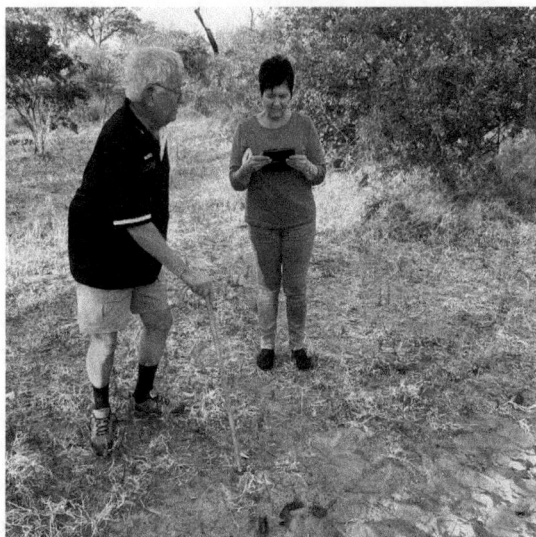

HP en sy vrou Phia op die toneel waar hy destyds in sy Ratel geskiet is.

Phia kyk toe terwyl HP en Paul doppies en stukkies pantser-glas optel op die plek waar hul Ratel gebrand het.

"Jy weet, ek sê nie die oorlog was onnodig nie, ek sê net as ons almal beter ingelig was, was daar dalk 'n laaitie wat gesê het: 'Maar kom ons doen dit anderster!' En dalk het ons die vrede op 'n makliker manier bewerkstellig."

Dis die gedagtes wat deur sy kop gaan noudat hy ouer word, "daai domgeit wat ons gehad het. Ek meen, ek het nie eers presies geweet wat ek gaan doen nie, so hoekom dit dan doen? Maar ek moes gaan en ek het dit voluit gaan doen, want jy het jou offisier of korporaal gerespekteer, want hy was veronderstel om 'n bietjie meer te weet as jy."

Dit was vir hom hartverskeurend om te sien hoe Paul daardie nag met sy demone geworstel het. "Maar ja, ek dink dit het vir ons baie goed gedoen, vir ou Paul ook. Ek en hy het 'n paar lekker trane gelos, maar daai trane was jou skoon."

Die band tussen hom en Paul is nou sterker as ooit. "Die feit dat hy my in die Ratel gegooi het toe hy gedink het ek's 'n lyk, dis daai wat my so ontsaglik lief maak vir Paul. Hy het omgegee vir my liggaam en vir my menswees. Ek en Paul is baie close, baie close. As ek moeilikheid het en ek bel hom twaalfuur in die nag en ek hoor net hy antwoord, dan is ek weer reg, dan gaan ek weer aan."

Waaraan hy veral op die toer gedink het, was sy Smokeshell-makkers wat hy voel regtig nodig gehad het om ook daar te wees. "Daar's baie ouens wat hulp nodig het. Dit wat ek op toer gekry het, kan ek nou gebruik om hulle mee help."

Ouens wat alleen is, sonder die ondersteuning van 'n Phia of Lynette, of die makkers waarvan hulle onttrek het. "En hulle moet juis nie alleen wees nie, want dis dán dat hulle dalk iets onverantwoordeliks kan doen," sê HP. "Dalk was ek bedoel om geskiet te word sodat ek op hierdie punt kan kom waar ek die kennis het om hulle te help. Om vir iemand te kan sê: 'Ou pêl, dis

By die jaarlikse gedenkdiens by Klub Omuthiya, voor een van die
oorspronklike Smokeshell-Ratels. Van links: Jaap Steyn (laaste bevel-
voerder van 61); Elna van der Walt (weduwee van veteraan Cobus van der
Walt); Johann Dippenaar; valskermbataljon-veteraan Chappies van Zyl;
Siegfried Marais van die SA Weermagvereniging (met kind). Agter is die
Smokeshell-veteraan en seremoniemeester, Mike Bond.

nie die einde van die wêreld nie. Doen dit en dit en dan gaan jy
beter voel. Gaan aan met jou lewe."

Die skouerskure waarheen hy ouens soos Paul en Andrew gelok
het, is vir hom vreeslik belangrik. "Hulle haal hulle seer uit en
praat. En soos 'n mens ouer raak, besef jy: jy móét maar dié ding
uithaal, want jou tyd raak min."

Klub Omuthiya heet die plek in 'n versteekte hoekie van die
uitgestrekte Tempe-militêre kompleks in Bloemfontein waar die
Smokeshell-manne elke jaar op 10 Junie saamtrek – vernoem na
die basis wat Dippenaar onder die kameeldoringbome naby
Etosha gebou het.

Met die eerste oogopslag is dit 'n eenvoudige, reghoekige gebou

Op Marco Caforio se selfoon, altyd by hom, die gesigte en name van
die dooies van Smokeshell.

met 'n sementstoep wat jou so 'n bietjie aan 'n skoolklaskamer laat
dink. Maar buite waak 'n Ratel wat Smokeshell oorleef het en
binne is die mure oortrek met herinneringe aan 'n oorlog van lank
gelede. Daar's 'n kroegie teen een muur, 'n lang familietafel en 'n
spesiale gedenkhoekie vir eerbetoon. Dis deels kuierplek en deels
museum, met die gewyde gevoel van 'n kapel.

Alle veterane is welkom hier, maar dis die eggo's van Smokeshell
wat elke hoekie vul. Op 'n koue winteroggend in Junie, byna 'n jaar
ná hul genesingsreis terug na Angola, trek die Smokeshell-veterane

weer hier saam.

Nie almal kon dit maak nie, want daar is maar altyd werk- en ander verpligtinge. Generaal Dippenaar is hier – fier en regop, met sy gewone stil gesag. HP, Phia en Andrew ook, en Nicky, die pastorale berader en doktorskandidaat.

Die skoongeskraapte stuk grond voor die Ratel op sy sementblad dien as paradegrond. 'n Stoel word in die middel neergesit en HP gaan neem alleen daar plaas en wag vir sy broers. Dan kom hulle opgemarsjeer, sommige in veteraandrag en ander in wat ook al – want dit maak nie meer saak nie – met 'n doedelsakorkes om hulle te begelei. Die jare wys in hul hare en om hul middellywe, maar daar is 'n trots aan hul skouers.

Vanjaar is daar ietsie ekstra op die program. Die Smokeshell-veterane ontvang hul "messies", soos die merietewapen genoem word wat ingestel is nadat hulle destyds reeds uitgeklaar het. Dié balkie met sy dolk-en-weerligstrale is uniek aan 61 Meg en beteken die draer daarvan is operasioneel as lid van 61 ontplooi – vir enige van ons kosbaarder as die Pro Patria. Onder die toeskouers is daar familielede van Smokeshell-gesneuweldes wat dit postuum ontvang. Dan is dit tyd vir die jaarlikse kransleggingseremonie.

Later die middag word die braaivleisvure aangesteek en die koelbokse oopgemaak. Ou stories word weer afgestof, die vroue gesels saam en kinders speel, want hierdie is 'n ruimte vir almal. Daar word gelag en soms loop daar trane, maar dis oukei, want daar is geen oordeel hier nie. Net broederskap gebore uit gedeelde ervarings en begrip, niks meer of minder nie.

HP is soos 'n ouboet wat sorg dat alles reg is. Hy beman die spitbraai, hou 'n oog oor die vars plaasbrode en slaai wat in gelid uitgepak word. Phia, terughoudend van aard dog altyd vriendelik, is die gerespekteerde ousus hier. Andrew kry almal om die lang feestafel vir 'n skyfievertoning. En later is dit HP wat met sy kitaar op 'n kroegstoel plaasneem en musiek maak – nes destyds in die Angolese bos.

Oor 'n glas rooiwyn stem ek en Nicky saam: ja, plekke soos Klub Omuthiya is bitter belangrik vir hierdie manne en hul gesinne. 'n Plek waar hulle veilig voel om te praat oor wat hulle deurgemaak het, oor hoe dit hul latere lewens gevorm het, hoe hul denke daaroor verander het – of dalk nie.

Waar politiek buite bly en jy kan skouers skuur met jou broers wat weet waarvan jy praat, wat verstaan. Mense met wie jy bande het wat in vuur en bloed gesmee is.

Jou bloedbroers.

DIE LAASTE VAN 'N ONBEPLANDE DRIELUIK

Dit verstom my om te dink ek is nou amper op die doelwit met *Bloedbroers*, my derde boek oor die Bosoorlog.

My eie dienspligdae as transport-onderkorporaal by 61 Meg, daar onder die kameeldoringbome, was 'n spa-vakansie vergeleke met wat soveel ander veterane van hierdie unieke eenheid deurgemaak het. Vir vier, vyf jaar nadat ek in 1983 uitgeklaar het, was ek militêre korrespondent vir *The Pretoria News*. Jy het maar geskryf wat die army se propagandamasjien jou toegelaat het om te skryf. Daarna het ek vir dertig jaar nie eens aan die army gedink nie. Tot ene Gert Minnaar op 'n dag in 2010 na *Rapport* uitgereik het om te hoor of hulle 'n joernalis op 'n veranetoer na Angola wil stuur. Daardie joernalis was ek en eers by die versamelpunt het ek besef dis 'n projek deur my ou eenheid.

'n Reeks artikels en 'n boek – *Tannie Pompie se Oorlog* – het daaruit gevloei om twee redes: die genesingsreis van oudsoldate was aangrypend en ek het meer oor my eie dienspligtyd begin verstaan en kon stil wees by 'n plek in Angola waar ek een nag 'n makker verloor het. Maar op daardie einste reis het Mike Beyl, wat die dag ná Paul-hulle se apokaliptiese ervaring by die opruiming van Smokeshell betrokke was, my laat verstaan dié spesifieke doelwit is "verlore".

Toe kom 2018 en ek's weer op die toer as joernalis, en daar's nog artikels en 'n tweede boek getiteld *Die Brug*. Maar weer het dit my bygeval: ons toer gaan na al 61 Meg se ou slagvelde, feitlik oor die hele breedte van Angola, maar nie na Smokeshell nie. Die frustrasie van Smokeshell-veterane soos Mike Beyl, Marco Caforio, Kelvin Luke en ander was selfs tasbaarder op hierdie toer as op die een in 2010.

Toe kom die nuus: Johann Dippenaar het die doelwit gaan soek en gekry. Dis 'n go … maar toe donner die pandemie als op. Nadat Covid begin retireer het, kon ek, soos vele ander, nie saamgaan om 'n ooggetuie te wees nie. Maar dié wat moes gaan, hét. Ook vir Mike Beyl was dit derde keer skeepsreg en sy vrou Yvonne is saam.

Ek is ongelooflik dankbaar vir so baie mense dat ek hierdie boek toe wel kon skryf. Dis onmoontlik om almal in die groter 61-veteranevereniging te noem wat op een of ander manier die boek moontlik gemaak het. En net so was dit onmoontlik om elke Smokeshell-veteraan se storie te vertel of te vermeld – al verdien almal s'n om vertel te word. Nie om simpatie te soek of te spog of wat ook al nie, maar bloot om gehoor te word.

Ek is nederig dankbaar teenoor almal wat my op groot of klein maniere gehelp het, maar ek moes die moeilike besluit maak om te konsentreer op die een peloton wat deur die ergste van die vleismeul is: Paul Louw en sy manne. Dit is my hoop dat almal wat daar was, aanklank by hul stories sal vind.

Omdat die Smokeshell-manne, soos ek, nie meer jonk is nie, gebeur die lewe. Johann Dippenaar het dadelik die ou doelwit verlaat om by sy siek Hannelie te wees, maar sy het in 'n koma verval waaruit sy nooit weer wakker geword het nie.

Toe ek ná die toer by Paul en Lynette gaan inloer, het sy fisiek heelwat aangesterk ná haar dubbele mastektomie. Vriendelik soos altyd, maar vir eers op haar eie genesing ingestel. Gareth Rutherford het nie op die toer gegaan nie, hy moes die pot aan die kook hou en 'n pad loop met sy pa, wat voor die publikasie van hierdie boek sy stryd teen dimensie verloor het.

En op 16 September 2023 verloor Paul die vrou wat hom alleen en met soveel toewyding grootgemaak het: sy ma, Jo Hartman (93), sterf weens haar beserings nadat 'n reuse-golf haar in 'n parkeerterrein by Wildernis tref.

My innige meegevoel en beste wense aan julle almal. Een en almal van julle het my nederigheid geleer.

Jan Hoevers? Tydens die pandemie het die disleksielyer wat homself tot die bouer-koning van Grootbrak opgewerk het, aanlyn 'n Europese kanaalboot gekoop. Terwyl sy ou makkers op Smokeshell was het hy en sy vrou die kanale van Frankryk en Nederland gaan bevaar. En na hul terugkeer het hy nog 'n boot laat bou, hierdie keer om skoolgroepe en vakansiegangers op plesiervaarte by Groot Brakrivier te neem.

Marco Caforio kon ook nie saamgaan nie, want die pandemie het baie werklikhede verander. Maar hy en sy United Nations-vryvalspan het met die een formasiesprong na die ander hulde aan sy buddies betoon.

Daar is soveel ander maniere waarop 61 Meg-veterane mekaar emosioneel en geldelik ondersteun. Met enigiets van kos tot hospitaalrekeninge waar die nood druk. Of soos by die jaarlikse Gariepdam-naweek, toe Kelvin Luke (wat Marco Caforio se lewe by Smokeshell gered het) 'n baie spesiale huldeblyk van sy bloedbroers ontvang het.

Kelvin het dit die afgelope tyd nie te breed gehad nie, vertel die manne wat agter die hele ding gesit het. En vir geld vir sy kind se studies verkoop hy toe sy geliefde motorfiets. Sy buddies van die 61 Riders (ja, die veterane het ook hul eie motorfietsklub) besluit toe basta, hulle maak geld bymekaar om vir hom 'n nuwe ysterperd te koop. Wat hulle toe ook doen – weliswaar op 'n veiling, maar hulle het dit uitmekaar gehaal, gerestoureer en gediens, weer aanmekaargesit en gespuitverf. Die resultaat het beter as nuut gelyk.

Toe die niksvermoedende Kelvin by die Gariepdam-kampeerterrein opdaag, sien hy die nuwe gitswart motorfiets daar staan. Kompleet met die dolk-en weerligstrale van 61 Meg groot op die petroltenk aangebring. Die heel dag staan en bekyk hy dié ding met begerige oë.

Daardie aand word daar soos gewoonlik allerlei goed opgeveil vir die veteranevereniging se liefdadigheidsfonds vir maatjies in nood. Ook die motorfiets … maar toe die bod tot so R97 000 klim besluit hulle dis tyd om vir Kelvin te sê: die veiling is 'n grap, dis jóúne!

Kelvin was nie die enigste ou met nat oë daar by die kampvuur nie. En binnekort was hy weer op die langpad met sy 61 Riders-leerbaadjie aan, want dis Kelvin se manier om die verlede agter te laat.

Daar is een laaste ding om te vermeld – net ingeval jy nog nie weet hoe groot die omgeeharte van hierdie veteranegemeenskap is nie. Maar laat Andrew Whitaker die storie vertel:

"Die aand voor die gedenkdiens op die doelwit, toe Phia soos elke dag die vuisgrootte-gat in HP se rug wil skoonmaak en versorg, het Nicky gevra of sy dit mag sien. Sy was regtig geskok. Nicky het toe met my gepraat oor die moontlikheid om crowd funding te kry sodat HP die beste moontlike mediese sorg kan kry."

Andrew het dit met die bestuur van die 61 Meg-veteranevereniging opgeneem, met die begrip dat die geld vir enige lid in nood beskikbaar sal wees. Binne net 'n paar dae was dié BackaBuddy-fonds meer as R400 000 sterk – insluitend R150 000 wat deur die veteranevereniging se Munga-fietsryspan ingesamel is.

Met dié geld is HP by die Donald Gordon Mediese Instituut in Johannesburg ingeboek vir ondersoeke deur 'n hoog aangeskrewe chirurgiese span. Hul bevinding was dat hy vir twaalf uur onder die mes sou wees, maar daar was geen waarborg op sukses nie.

Op die dag wat ek hom en Phia in die hospitaal besoek het, was dit taamlik duidelik dat hulle saam sou besluit om nie die risiko te neem nie. Hulle het net al te veel teleurstellings gehad en hulle voel op sy ouderdom gaan sy lyf moeilik van nog 'n terugslag herstel.

Toe ek HP die afgelope feestyd bel het hy vertel dit gaan goed – maar hy't net seer. Jy kon dit in sy stem hoor.

BEDANKINGS

Bedankings is een van daai dinge wat jy as skrywer altyd met opregtigheid doen, maar nooit te veel of goed genoeg kan doen nie.

Ek glo my 61-broers weet dat ek diep dankbaar is vir al die onvoorwaardelike vriendskap bloot omdat ek op 'n tyd ook die dolk-en-weerligstrale op my hempsmou gedra het. Dankie aan julle. Die veteranevereniging gaan nie oor oorlogsugtigheid of nostalgie nie, dis 'n gemeenskap van onvoorwaardelike, vat-jou-soos-jy-is-bloedbroers – al stem ons dalk nie altyd oor als saam nie.

Dankie ook aan my vrou, Yvonne, en seun, Sebastiaan, vir al hul verdraagsaamheid met my skryfgeite. Dankie aan Jonathan Ball se Annie Olivier en haar span vir hul professionalisme en senuwees van staal. En natuurlik Linda Pretorius met die arendsoog vir haar redigeerwerk.

En hiermee is my onverwagse trilogie van veteraan-reisverhale voltooi. In die oorlogflieks sê die akteurs altyd 'oor en uit'. Maar dis maar net Hollywood daai.

Dus sê ek, soos die army my 42 jaar gelede reg geleer het, bloot: "UIT!"

Net dit.

SKRYWERSBIOGRAFIE

Deon Lamprecht is 'n bekroonde nuusjoernalis en gewilde skrywer. Twee Grensoorlog-boeke het reeds uit sy pen verskyn: *Tannie Pompie se Oorlog* (2015) en *Die Brug* (2020).

In sy loopbaan by *The Pretoria News*, *Beeld* en *Rapport* het hy oor feitlik elke onderwerp geskryf. Hy was nasionale nuusredakteur van *Beeld*, stigterredakteur van Media24 se Afrika-kantoor en ook drie jaar lank Media24 se nuusverteenwoordiger in Washington, DC.

Hy is tans 'n herskrywer by *Huisgenoot*.